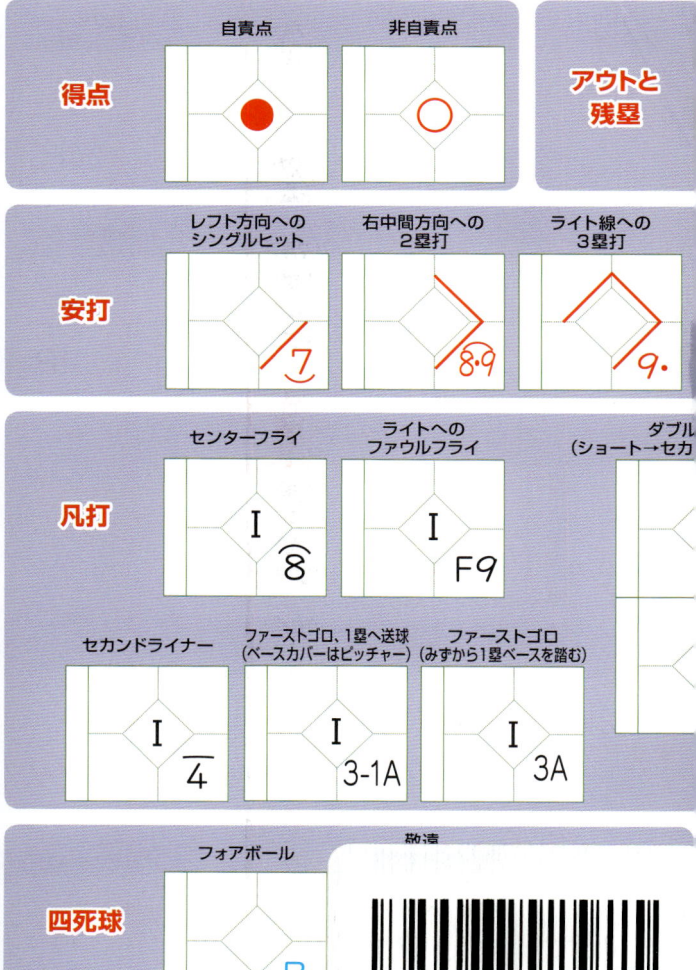

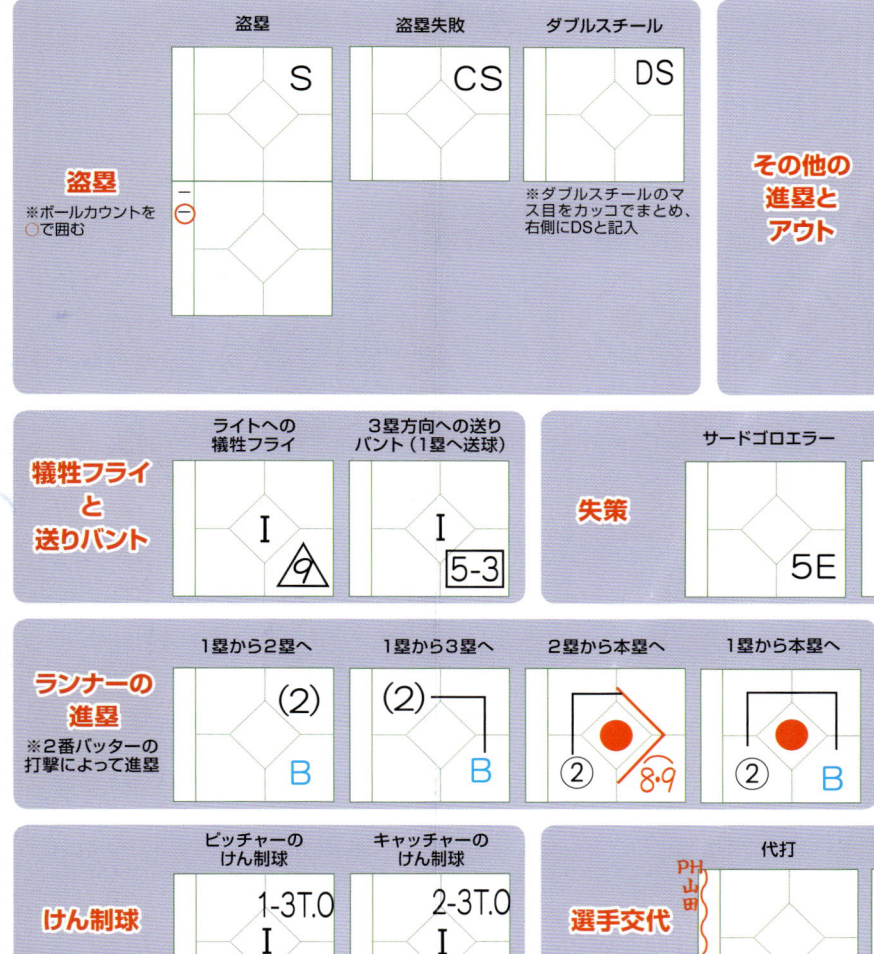

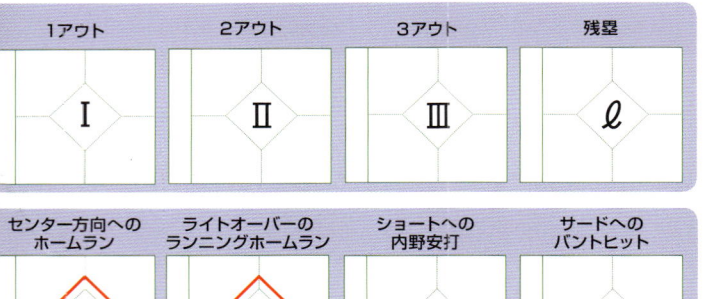

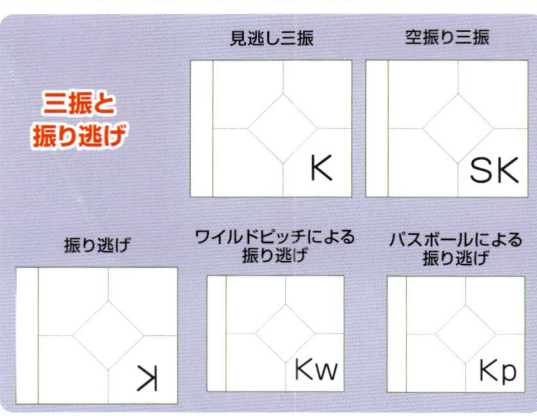
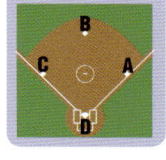
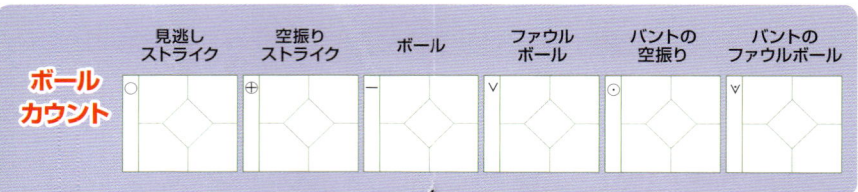

わかりやすい

野球スコアと記録のつけ方

戸張 誠 監修

成美堂出版

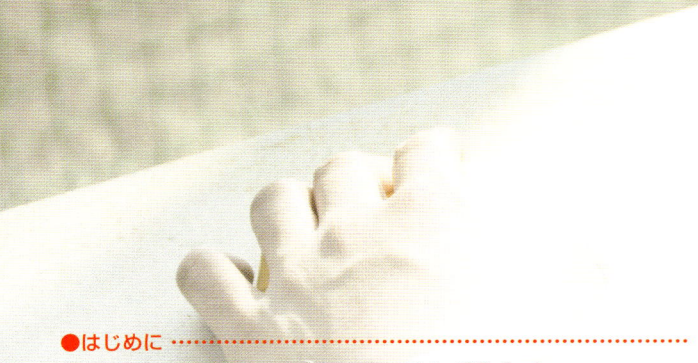

●はじめに

「ベンチの貴重な戦力」
～チャンスやピンチの状況で必ずスコアカードを見る～

　高校球児だった頃の私は「野球ノート」を作って練習の反省や野球知識などを書き込んでいました。練習試合の後では、スコアカードを用いて監督がミーティングをし、その後、選手間で試合を振り返り、さまざまなことをノートに書き込むうちに、徐々に書く習慣が身につきました。

　スコアカードは作戦を仕掛けるカウントを整理でき、同時に監督の野球観を研究するよい教材となります。最初から最後まで試合は記憶できませんが、スコアカードを見れば「何打席目の何球目に見逃した球種」が記録してあります。それは相手バッテリーにどういう打者として映っていたかを知る反省材料となります。そのような冷静な眼で振り返る時、試合中とは違った後悔や納得を得ることができます。

　記録された「スコアカードの活用」よりも大事なことは、「試合中の記録」のあり方です。試合中にスコアカードを見ない人はいません。投手の投球数、打球の行方などの観点は指摘しきれません。

チャンスやピンチの時は必ず情報収集と確認のためにスコアカードを見ることでしょう。

　順調な試合展開であっても監督は、ちょっとした自チームの油断を察知して注意点を選手たちに伝えます。「記録員」はその大事な情報作成者なのです。もちろん記録員が選手たちにアドバイスすることもできます。それは監督の考え方や選手を理解する戦力であるとも考えることができます。

　スコアカードは試合をしていく上で、また今後の練習をする上で大切な「羅針盤」のようなものです。生きたスコアカードを産み出す担い手として活躍している実感こそが記録員としての醍醐味であり、チームを陰で支える記録員はベンチの中で貴重な戦力なのです。

　現在、私は東京の高校野球を支える理事として記録員育成を担当しています。記録員を目指す生徒たちが、それぞれの戦いの場でチームを支える戦力として活躍している様をイメージすることで、私も喜びを見出しております。野球に関わるすべての人々にとって、本書がスコアカードへの理解を深める一助となれば幸いです。

　監修　戸張　誠（一般財団法人 東京都高等学校野球連盟 理事）

CONTENTS

PROLOGUE まずはスコアカードを知ろう

- **8 スコアカードとは?**
  スコアカードに記入する内容をおぼえる
- **10 マス目の記入ルール**
  スコアカードのマス目は、塁間を結ぶダイヤモンドと一致
- **14 守備位置の表し方**
  守備位置を表す1～9の数字を頭に入れる
- **16 試合に関するデータ**
  プレーボールの前に確認して記入すべきこと
- **18 COLUMN**…スコアカードには、チームを勝利に導くヒントが隠されている

PART 1 スコアカードへの記入 基本編

- **20 選手交代の記入①**
  代打・代走
- **22 選手交代の記入②**
  ピッチャーと野手の交代
- **24 打球の種類と方向の記入**
  ゴロ・フライ・ライナー
- **28 送球の記入**
  野手の各塁への送球
- **30 打席の最終結果の記入**
  得点・残塁・アウトカウント
- **32 ボールカウントの記入**
  ストライク・ボール・ファウルボール
- **34 打撃結果の記入①**
  さまざまなヒット
- **36 打撃結果の記入②**
  三振
- **40 打撃結果の記入③**
  フォアボール・デッドボール
- **42 打撃結果の記入④**
  凡打とエラー
- **44 COLUMN**…投球コースを書き分ける

PART 2 スコアカードへの記入 応用実戦編

- **46 ランナー進塁の記入①**
  ヒットでの進塁

- **50 ランナー進塁の記入②**
  犠牲フライ
- **52 ランナー進塁の記入③**
  送りバント
- **54 ランナー進塁の記入④**
  スクイズ
- **56 ランナー進塁の記入⑤**
  盗塁
- **62 ランナー進塁の記入⑥**
  実際の進塁例
- **64 野手間のボール移動の記入①**
  けん制球
- **66 野手間のボール移動の記入②**
  ランダウンプレー
- **70 野手間のボール移動の記入③**
  ダブルプレー
- **82 バッテリーによるミスの記入**
  ワイルドピッチ・パスボール・ボーク
- **86 野手選択の記入**
  フィルダースチョイス
- **88 特殊ルールの記入①**
  守備側のアピールプレー
- **90 特殊ルールの記入②**
  インフィールドフライと故意落球
- **94 実戦的ケースの記入**
  プレーのレアケース

PART 3 歴史的名勝負のスコアカード

- **102 第88回全国高校野球選手権大会決勝（再試合）**
  駒大苫小牧高校VS早稲田実業高校（2006年8月21日）
- **116 2009年ワールドシリーズ第6戦**
  ニューヨーク・ヤンキースVSフィラデルフィア・フィリーズ（2009年11月4日）
- **130 2013年日本シリーズ第7戦**
  東北楽天ゴールデンイーグルスVS読売ジャイアンツ（2013年11月3日）

- **144 実際の試合に学ぶ、スコアカードの記入**
  シーン①
  緊張感に包まれる初回の攻防には、
  いろいろなプレーが起きやすいので心の準備をしておく
- **146 シーン②**
  エラーが出ると得点が生まれやすいので想定しておく

- **148** シーン③
  犠牲フライの打点など、ポイントとなるプレーの記入はしっかりと書く
- **150** シーン④
  一気に形勢が変わる、不意に起こったプレーやダブルプレーに対処する
- **152** シーン⑤
  打撃妨害にランニングホームラン、振り逃げ……。
  それぞれ記録のしかたに注意を払う
- **154** シーン⑥
  野球の醍醐味の一つ、劇的なサヨナラ勝ちを記録する

PART 4　記録の集計と分析

- **158** ピッチャーの記録①
  防御率を決める「自責点」と「非自責点」
- **162** ピッチャーの記録②
  「勝利投手」の条件と「ホールド」「セーブ」
- **166** ピッチャーの記録③
  記録を集計して投球の結果を分析する
- **170** 攻撃の記録①
  打者の実力をはかる「打率」
- **172** 攻撃の記録②
  選球眼のよさが表れる「出塁率」
- **174** 攻撃の記録③
  記録を集計して打撃の結果を分析する
- **178** 攻撃の記録④
  チームへの貢献が大きい「打点」と「犠打」
- **182** 守備の記録
  守備能力をはかる「守備率」と「刺殺・補殺」

- **186** スコアラーなら必ず知っておきたい
  審判の基本ジャッジ

制作・編集 ●エフプラス
取材・構成 ●村瀬航太、細田智範
　　写真 ●鶴田真実
　イラスト ●楢崎義信
　デザイン ●田中宏幸（田中図案室）
　取材協力 ●東京都高等学校野球連盟
　　　　　　二松學舍大学付属高等学校 硬式野球部
企画・編集 ●成美堂出版編集部（宮原正美）

PROLOGUE

まずは スコアカードを 知ろう

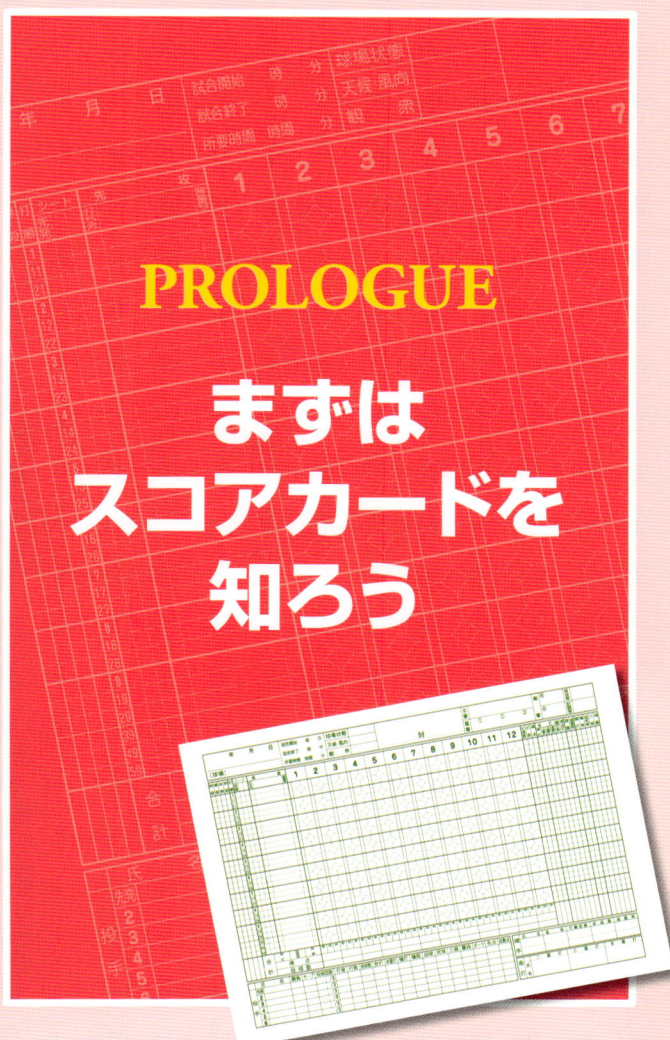

PROLOGUE

まずはスコアカードを知ろう

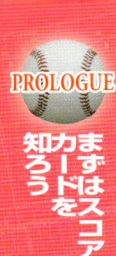

スコアカードとは？

スコアカードに記入する内容をおぼえる

スコアカードには、すべての打席の結果が、ボールカウントや打球の方向にいたるまで仔細に書かれています。また、スコアカードを見れば、ゴロやフライといった打球の種類、ランナーになったときの進塁の様子など、試合の流れも振り返ることができます。

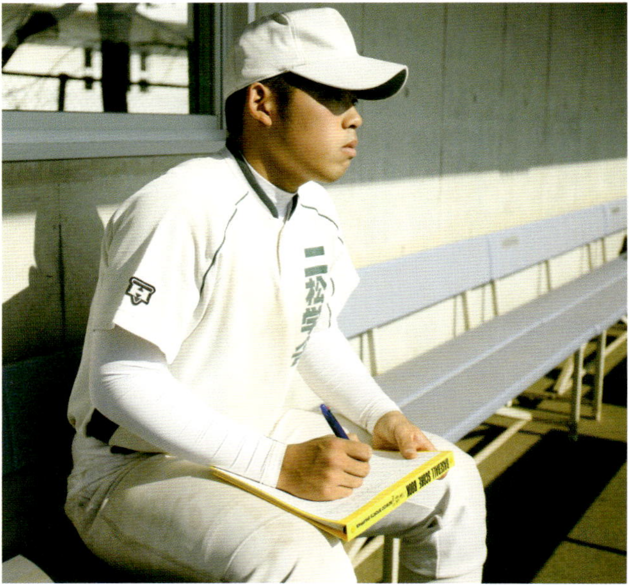

スコアカードは記録簿
スコアカードを見れば試合の結果がすべてわかる

　スコアカードとは、試合の結果をまとめた記録簿のこと。試合全体の流れをつぶさに記入するので、これを見れば、自分のチームだけではなく、対戦相手の情報もすべてわかります。スコアカードのデータは試合終了後の反省材料として、また戦力分析や個人記録の集計、そして次戦以降に勝つための戦術に役立てられます。

　日本でもっとも広く使われているスコアカードの記入方法が、「早稲田式」と呼ばれるつけ方です。"学生野球の父"と呼ばれる飛田忠順氏が早大在籍中、早慶戦で用いていた記入方法であったことから、この名で呼ばれるようになりました。本書では、この「早稲田式」をベースに、現在もっとも一般的な記入方法を解説していきます。

〔早稲田式〕

「一般式」とも呼ばれている記入方法。記号や記入方法が視覚的なため、実際のプレーの内容が把握しやすいのが特徴です。これに準じたスコアブックも多数市販されています。

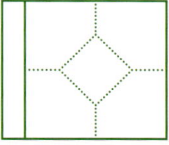

マス目の中央にひし形のダイヤモンドが描かれ、ボールカウントをマス目の左の欄に記入します。

記入例		
セカンドゴロ	セカンドがゴロを捕球し、1塁へ送球。バッターランナーがアウトになり、1アウトが宣告	I / 4-3
レフトフライ	レフトがフライを捕球し、バッターランナーがアウト。2アウトが宣告	II / 7
センター前へのシングルヒット	センターの前に打球が落ち、バッターランナーが1塁に進塁	8
ライト方向へのホームラン	ライト方向へのホームラン	● / 9

まずはスコアカードを知ろう

PROLOGUE まずはスコアカードを知ろう

マス目の記入ルール
スコアカードの マス目は、塁間を結ぶ ダイヤモンドと一致

マス目の意味とは?
バッターの一打席の結果を表している

　スコアカードのマス目には、ストライク、ボールといった一球一球の駆け引きから、フライ、ゴロ、ライナーといった打球の種類、打球が飛んだ方向、打球を捕らえた野手の守備の結果と送球先、バッターランナーの進塁結果や塁上のランナーの動きなどが記されています。

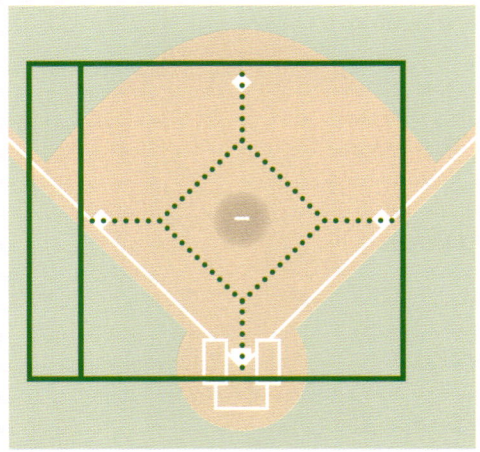

塁間を結ぶダイヤモンドに重ね合わせ、その上でそれぞれの役割をおぼえれば、理解しやすくなります。

各選手の一打席の結果やランナーとして出塁した後の様子が記入される四角いマス目は、実線と破線で構成されています。これはグラウンドの各ベースを線でつないだダイヤモンドと呼ばれる内野部分に重ねて考えるとスムーズに理解できます。一見、こんな小さなマスの中にたくさんの情報が本当に記録できるのかと思うかもしれませんが、記入の仕方をおぼえれば、その合理的な方法に感心するはずです。

ボールカウント
ストライク、ボール、ファウルボールなど、一球一球の結果を記号で記入。記号を工夫すれば、投球コースも記録できます。

アウトカウントや得点、残塁
アウトカウントは「Ⅰ・Ⅱ・Ⅲ」のローマ数字、得点は「●・○」、残塁は「ℓ」で記入します(イニングが終了したとき、ここには必ずいずれかの記号が入ります)。

2塁と3塁の間で起きたプレー — 3塁

1塁と2塁の間で起きたプレー — 2塁

3塁と本塁の間で起きたプレー — 本塁

打撃結果および本塁と1塁の間で起きたプレー — 1塁

スコアカードの記入欄
書かれている情報の意味を知る

一般的なスコアカードは、Ａ４サイズの用紙の裏表（２面）に、先攻と後攻に分けて記入します。ここでは先攻チームの打撃結果を記す表面を例にあげて、どこにどのような情報が書かれているかを簡単に説明します。

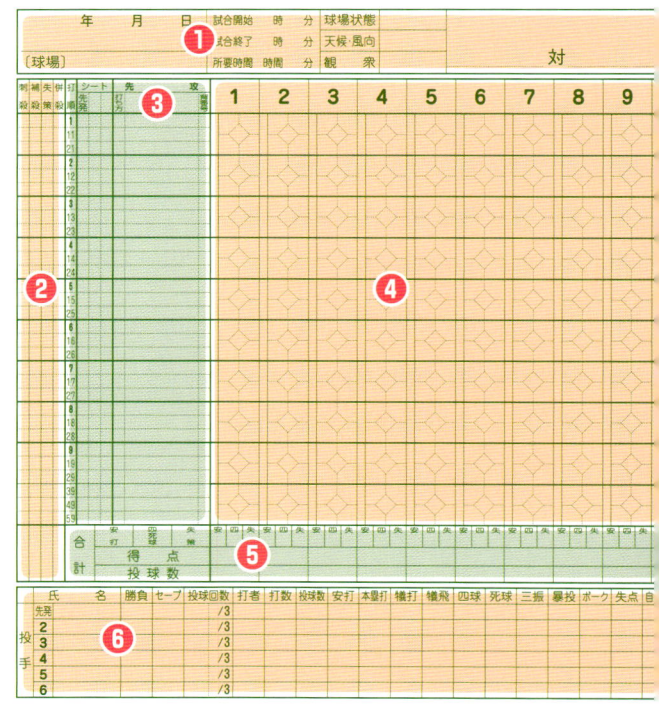

❶試合に関する情報欄

開催年月日・球場名・開始時刻・終了時刻・所要時間・球場の状態・天候や風向きなど、試合に関する情報を記録する欄。後攻チームの攻撃欄にはチーム名・監督名・得点の経過・結果を記入する欄などがあります。

❷守備の個人記録の集計欄

試合後に、各選手の守備記録を集計し、刺殺・補殺・失策・併殺の数を入力する欄。守備率などの個人記録は、ここの数字をもとに算出します。

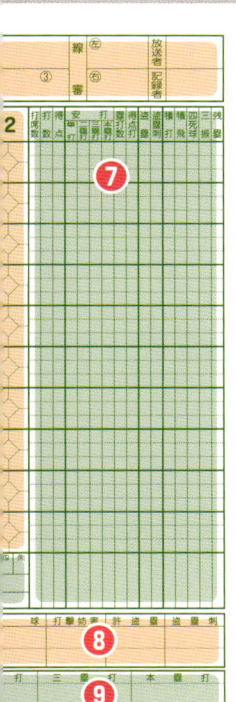

❸先攻チームの攻撃欄
（打順／選手名と守備位置）

選手名と守備位置を打順ごとに記入。打ち方（右打ち・左打ち・左右両打ち）や背番号なども記入します。

❹打撃と走塁、得点の記録

各選手の一打席・走塁・得点などの結果を記録。縦方向は打順、横方向はイニングの推移を表しています。

❺イニングごとの集計欄

イニングごとの安打・四死球・失策の数、得点、相手チームの投球数を集計します。

❻ピッチャーの個人記録の集計欄

試合後に、登板した味方ピッチャーの記録を集計し、記入する欄。奪った三振の数や防御率などの個人記録は、ここの数字をもとに算出します。

❼打撃の個人記録の集計欄

試合後に、各選手の打撃記録を集計し、記入する欄。打率や長打率などの個人記録は、ここの数字をもとに算出します。

❽キャッチャーの個人記録の集計欄

試合後に、味方キャッチャーの記録を集計し、記入する欄。盗塁を阻止した数や許した数、パスボールの数などを書き入れます。

❾長打

2塁打・3塁打・本塁打を打った選手の氏名を記入します。

守備位置の表し方

守備位置を表す 1〜9の数字を 頭に入れる

9つの守備位置は、1〜9の算用数字で表されます。これらの数字は、各選手の守備位置だけではなく、打球が飛んだ方向や野手間の送球を記入する際にも使われます。

守備位置を表す数字
シート欄にポジション番号を記入

両チームの先発メンバーが確定したら、スコアカードの打順の横、「シート（＝守備位置）」という欄にそれぞれのポジションを書き入れます。

ピッチャー（1）を起点に、キャッチャーを（2）とし、ファースト（3）、セカンド（4）、サード（5）とダイヤモンドを一周。つぎにショートを（6）として、最後に外野手をレフト（7）から時計回りに、センター（8）、ライト（9）とカウントします。

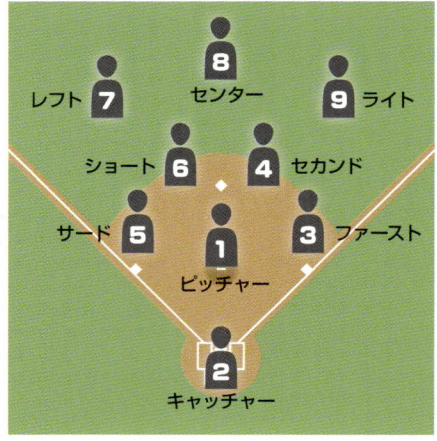

数字、漢字、アルファベット
守備位置の表記パターンを知る

　国際試合などでは、各守備位置の英単語の頭文字を取った、アルファベットの略記号で表記されるのが一般的です。最近は日本でも、スコアボードの表記に英語の略記号を採用しているところがあるので、すべての表記パターンをおぼえておきましょう。

		算用数字	単漢字	英略	
ピッチャー	（投手）	1	投	P	(Pitcher)
キャッチャー	（捕手）	2	捕	C	(Catcher)
ファースト	（一塁手）	3	一	1B	(1st Baseman)
セカンド	（二塁手）	4	二	2B	(2nd Baseman)
サード	（三塁手）	5	三	3B	(3rd Baseman)
ショート	（遊撃手）	6	遊	SS	(ShortStop)
レフト	（左翼手）	7	左	LF	(Left Fielder)
センター	（中堅手）	8	中	CF	(Center Fielder)
ライト	（右翼手）	9	右	RF	(Right Fielder)

算用数字の「1」はピッチャー（投手）ですが、漢数字の「一」はファースト（一塁手）のことをさします。同様に、算用数字の「3」はファーストをさし、漢数字の「三」はサード（三塁手）を意味します。

1＝投手＝P
2＝捕＝C

PROLOGUE まずはスコアカードを知ろう

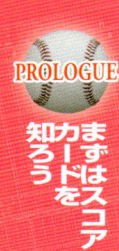

試合に関するデータ

プレーボールの前に確認して記入すべきこと

まずはスコアカードを知ろう

スコアカードの表の面（先攻チームの記入面）には、試合に関する基本的な情報を記入する欄が設けられています。年月日や場所、試合開始時間、チーム名、審判の名前など、プレーボールの前に確認できる事柄は、あらかじめ記入しておきましょう。

先発メンバー
打順ごとに選手名と守備位置を記入する

味方チームの先発メンバーは事前に記入し、相手チームに提出するメンバー表と間違いがないか確認。メンバー表の交換が済んだら、すぐに相手チームの先発メンバーを確認し、打順ごとに選手名と守備位置（14ページ参照）を記入します。

打順・守備位置・打ち方・選手名・背番号

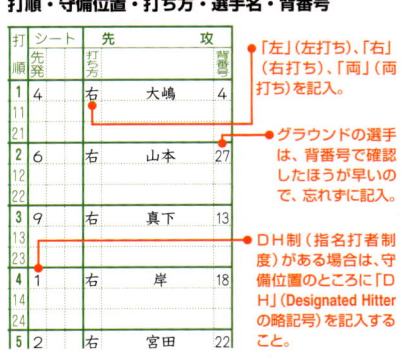

「左」（左打ち）、「右」（右打ち）、「両」（両打ち）を記入。

グラウンドの選手は、背番号で確認したほうが早いので、忘れずに記入。

DH制（指名打者制度）がある場合は、守備位置のところに「DH」（Designated Hitterの略記号）を記入すること。

先発ピッチャーの名前

キャッチャーの名前

捕手	氏 名	逸 球
	宮田	

スコアカードの記録性を高める

試合に関する情報欄

　スコアカードは試合の覚え書きです。試合の進行状況だけではなく、大会名や天候、審判の名前なども、傾向や対策を練る上での重要なデータとなるので、できるだけ正確に記入します。

開催年月日・球場・試合開始時間

０○○○年　９月　27日	試合開始 13 時 00 分
対シャークス1回戦	試合終了　　時　　分
〔球場〕　東京スタジアム	所要時間　時間　　分

主審（球審）がプレーボールを宣言した時間を記入します。

球場状態・天候と風向き・観衆人数・対戦カード

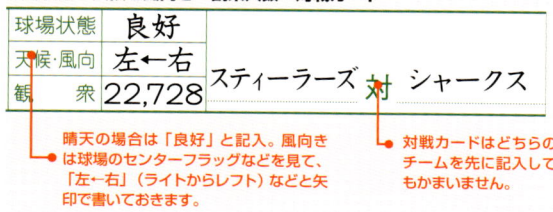

晴天の場合は「良好」と記入。風向きは球場のセンターフラッグなどを見て、「左←右」（ライトからレフト）などと矢印で書いておきます。

対戦カードはどちらのチームを先に記入してもかまいません。

審判・放送者・記入者

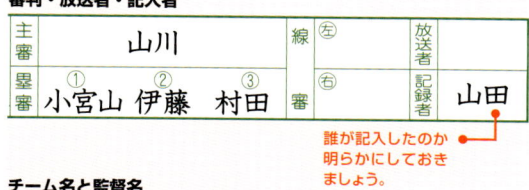

誰が記入したのか明らかにしておきましょう。

チーム名と監督名

チーム名	（監督名）
スティーラーズ	安藤
シャークス	唐沢

COLUMN

スコアカードには、
チームを勝利に導くヒントが隠されている

　優れたプレーヤーは、試合の結果を記録するだけではなく、スコアカードを読み解いて、相手チームの分析や、自分の弱点克服に役立てています。たとえば、左ピッチャーとの対戦打率、得点圏にランナーを置いたときの打率、球数が100を超えたときのピッチャーの制球の乱れなども、スコアカードから確認することができます。また、ボールカウントをつぶさに観察すれば、数字には直接表れない、初球見逃しの多さや、フルカウントに追い込まれたときの心理的な弱さなども露呈するかもしれません。ワンランク上のプレーヤーを目指すならば、常日頃からスコアカードに目を通し、スコアカードを積極的に活用していきましょう。

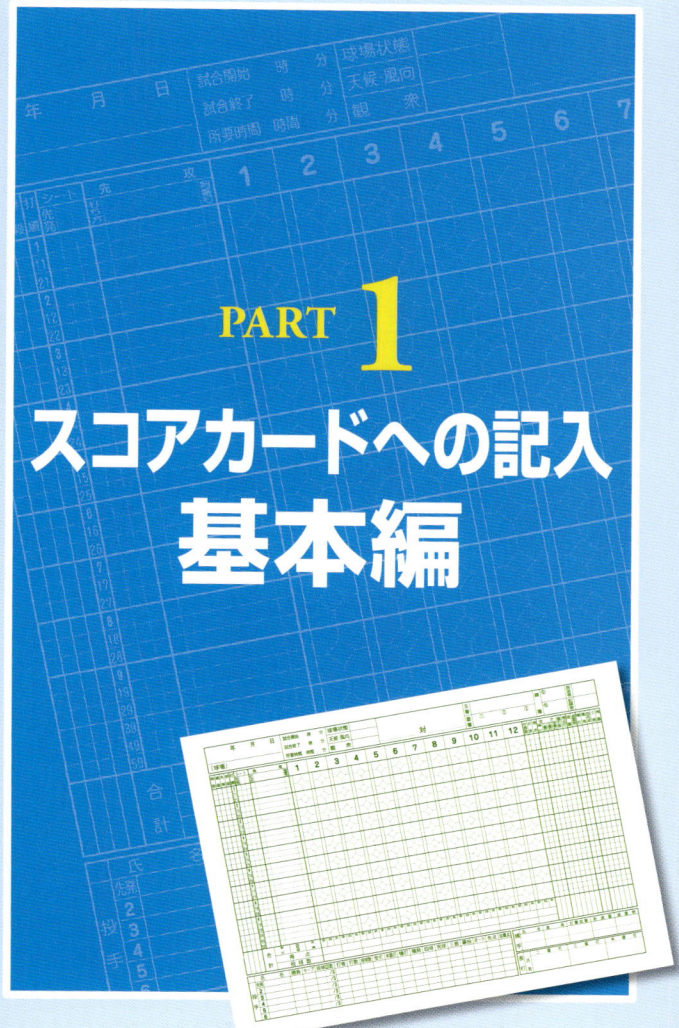

PART 1
スコアカードへの記入 基本編

PART 1 基本編
選手交代の記入①

代打・代走

代打（ピンチヒッター）や代走（ピンチランナー）があったら、打撃結果を表すマス目と、選手名が並ぶシート欄に、新たに出場する選手の名前を書き入れます。ここでは、赤ペンと波線を使った、もっともわかりやすい記入のしかたを説明しましょう。

代打・代走が出場
代打は「PH」、代走は「PR」を記入する

　代打や代走が出場したら、交代前の選手名の下に、新たに出場した選手の名前を記入します。代打の場合は「ＰＨ」（Pinch Hitterの略記号）、代走の場合は「ＰＲ」（Pinch Runnerの略記号）の記号を、守備位置を示すシートの欄に記入し、打席結果を記録するマス目（代打のときは左、代走のときは右）に波線を引き、縦書きで名前を書きます。

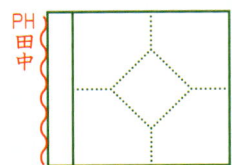

代打は左に波線
8番バッター・ピッチャー山崎の代打として田中が出場。次の回の守備から田中がライトの守備に。

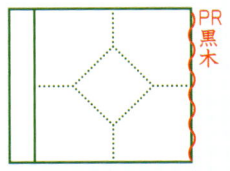

代走は右に波線
出塁した5番バッターの細川の代走として黒木が出場。次の回の守備から古城がショートの守備に。

また、代打や代走で出場した選手がそのまま守備についたら、「PH」「PR」の隣に守備番号を記入すること。そのほかの選手についても、守備位置に変更があった場合は、元の番号の右隣に新しい守備番号を記入しましょう。

代打の代打が出場
矢印の後に、新たに出場する選手の名前を書く

　代打の場合、一度交代が告げられたバッターが打席に向かおうとしているときに、相手ピッチャーが交代することで、さらに代打の代打が送られるケースがあります。この場合は、選手名の欄に名前を記入し、マス目にはタテの波線の横に「最初に代打を告げられた選手の名前→代打として打席に立つバッターの名前」を書きます。ちなみに、最初に代打を告げられた選手は試合に出場したことにはなりますが、打数は0となり、その試合は出場できなくなります。

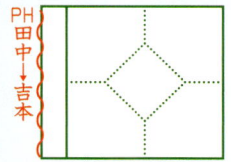

代打の代打
8番バッター（ピッチャー）である山崎の代打として、いったん田中が告げられたが、相手ピッチャーが交代したため、代打の代打として吉本が出場。次の回からセンターの守備に。

PART 1 基本編 選手交代の記入②

ピッチャーと野手の交代

守備側の選手の交代があったら、シート欄に新たに出場した選手の名前を書きます。ピッチャーが交代した場合は、相手チームの打撃結果を表すマス目にも、ピッチャーが交代したことを記入して、どのタイミングでリリーフが出場したかを明らかにしておきます。

守備の交代
選手名の横に、交代したイニングも書いておく

守備の交代があったら、まずシート欄に守備番号を記入し、新たに出場した選手の名前と背番号、打ち方を書き入れます。このとき、名前の横に（7〜）などと、交代したときのイニングを書いておくと、どの場面で交代があったかがすぐにわかります。

守備で交代した選手が、次の攻撃回で打席に立つ場合は、打撃結果を記入するマス目の右側に波線を引いて、その横に名前を記入します。

例
守備の交代

| 7 | 2 | 右 | 小野 | 4 |
| 17 | 2 | 右 | 八幡（7〜） | 14 |

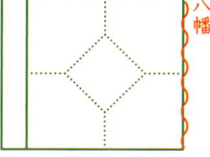

キャッチャーが小野から八幡に交代。交代したイニングを（ ）内に書き、そのまま八幡が打席に入るときは、マス目の右に波線と名前を記入。

ピッチャー交代
相手打者の打席結果のマス目にも記入する

ピッチャーの交代は、交代前の選手名の下に、リリーフピッチャーの名前を書きこみ、守備番号の「1」を記入します。指名打者制の場合は記入の必要がありません。交代したときの相手打者の打席結果を記録するマス目の上に波線を引き、交代した選手の名前とピッチャーの記号である「P」を横書きで記入します。

打席の途中で交代があった場合は、ボールカウントの間に波線を入れ、どの場面でピッチャー交代があったかを明らかにします。

例

ピッチャー交代

9	1			右	山田	11
19		1		右	宮田(6〜)	16
29						

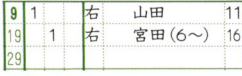

ピッチャーが先発の山田から宮田に交代。相手打者の打席結果を記録するマス目の上に、波線と名前を横書きで記入します。

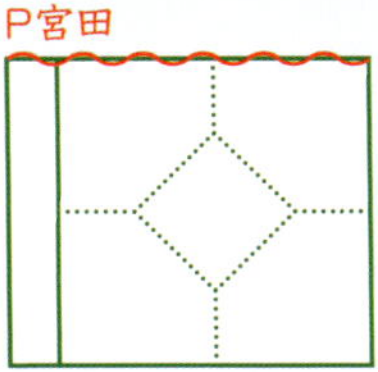

打席の途中でのピッチャー交代

ボールが2つ続いたところで、ピッチャー交代。2番手ピッチャーの宮田がバッターを空振りの三振に。

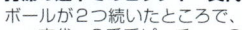

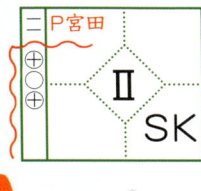

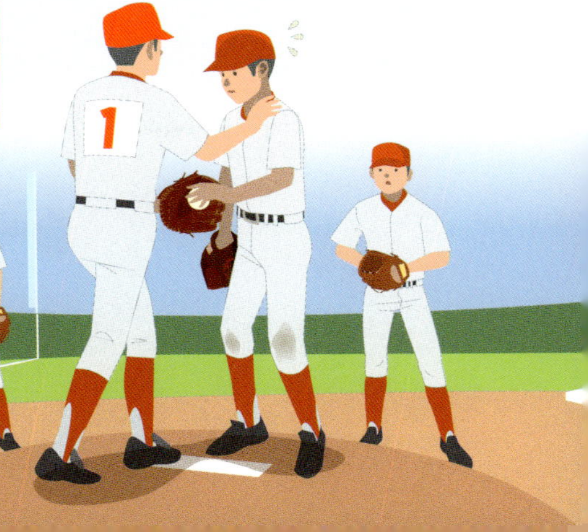

PART 1 基本編

打球の種類と方向の記入

ゴロ・フライ・ライナー

ゴロやフライ、ライナーといった打球の種類、そして打球が飛んだ方向は、三種類の記号と打球を処理した野手のポジション番号で表すことができます。それぞれの記号は、ヒットのときも凡打のときも同じように記入します。

打球の種類
ヒットや凡打の打球の性質を書き分ける

打球の種類は、ゴロ、フライ、ライナーを書き分けるのが基本です。記入者は打球の行方を見守り、打球が飛んだ方向とともに、打球の性質をスコアカードに記録します。

ゴロ

内野ゴロを捕球し、送球アウトにした場合は、ボールの移動を書きそえます(28ページ参照)。

例 セカンドへの内野ゴロ

セカンドがゴロを捕球し、ファーストへ送球。

フライ

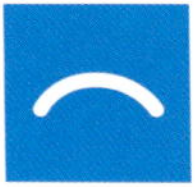

一般的には「⌒」で記します。「F」の記号が使われる場合もありますが、ファウルボールを示す「F」の記号と混同しやすいので注意が必要。なお、ファウルフライは捕球した野手の守備番号の前に「F」（または「◇」）をつけることもあります。

例 ライトへのフライ

例 レフトへのファウルフライ

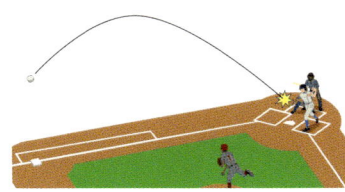

ライナー

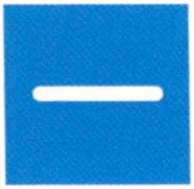

フライかライナーか判別しづらい当たりは、記入者が判断します。

例 ファーストへのライナー

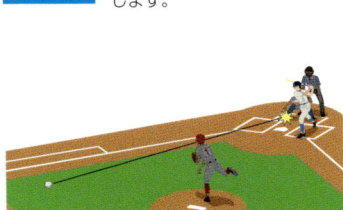
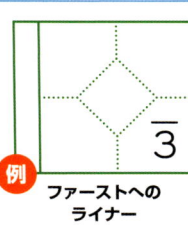

ゴロの記号は省略されることがある

打球の種類は正確に記録することが基本。しかし、捕球後に内野手が1塁へ送球し、バッターランナーをアウトにしたときの打球などは、ゴロであったことが明らかなので、ゴロの記号が省略されることがあります。

打球の方向
「・」の位置で打球の方向を詳しく記入する

　打球の方向は、一番最初に打球を処理した野手のポジション番号で表すのが基本です。また、ポジション番号に「・」を組み合わせることで、野手の定位置に対してどこに打球が飛んだかをより正確に記録することができます。

例 ライト前ヒット

例 レフト線へのヒット

例 左中間方向への2塁打

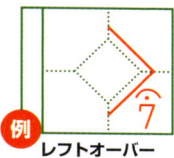
例 レフトオーバーの2塁打

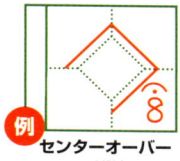
例 センターオーバーの3塁打

「・」の位置は、野手の定位置に対して打球が飛んだ場所を表しています。守備番号に「・」を組み合わせれば、打球の方向をより詳しく表すことができます。

【ホームランの打球方向】

例 レフト方向

左中間方向

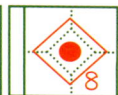
センター方向

右中間方向

ライト方向

スコアラーアドバイス！

テキサス安打とは？

テキサス安打（ポテンヒット）の場合は、「T」を頭につけ野手間のボールが落ちた場所を「・」で示します。強襲安打の場合は、守備番号の下に赤線を引く場合もあります。

※テキサスヒットは和製英語。ポテンヒットともいいます。アメリカではポテンヒットのことを（TEXAS LEAGUER HIT）といい、頭文字である「T」を書きます。

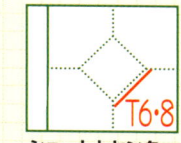
ショートとセンターの間に落ちるテキサスヒット

PART 1 基本編

送球の記入

野手の各塁への送球

プレー中は、野手間のボールの移動もスコアカードに記入する必要があります。記入者は、野手が捕球した後も気を抜かずに、送球先の塁や野手の動きにも目を配りましょう。

プレー中のボールの移動
捕球した野手と送球先の野手をつなぐ

プレー中の送球は、野手間を「－」で結んで表します。たとえば、セカンドからファーストにボールが渡れば「4－3」、ショートがファーストにボールを送れば「6－3」と記入します。

アウトになったらマス目の中央にアウトカウント（Ⅰ・Ⅱ・Ⅲ）を書き入れます。

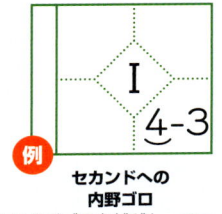

例 セカンドへの内野ゴロ

セカンドがゴロを捕球し、ファーストへ送球。

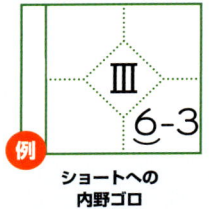

例 ショートへの内野ゴロ

ショートがゴロを捕球し、ファーストへ送球。

野手がみずからベースを踏んだ場合
踏んだ塁をアルファベットで記入する

ゴロを捕球した野手がみずからベースを踏んでランナーをアウトにしたときは、捕球した野手の守備番号の右側に、踏んだ塁をアルファベットのＡＢＣＤで記入します。また、送球を受けたショートが2塁ベースを踏んで1塁ランナーをフォースアウトにしたときも、「4－6B」などと書くとわかりやすいでしょう。

**捕球したファーストが
1塁を踏んでアウト**

**ベースカバーのセカンドが
1塁を踏んでアウト**

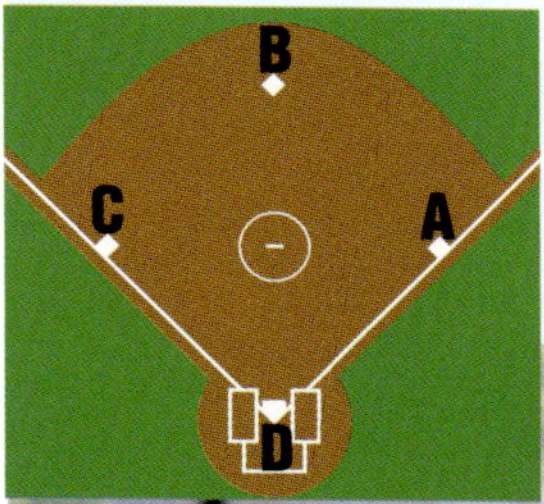

1塁ベース	A
2塁ベース	B
3塁ベース	C
ホームベース	D

※送球を受けたセカンドが2塁ベース、サードが3塁ベースを踏んだ場合などは、アルファベットの記号が省略されることもあります。

PART 1 基本編

打席の最終結果の記入

得点・残塁・アウトカウント

点線で囲まれたマス目の中心には、得点やアウトカウント、残塁など、打席の最終結果を記入します。攻撃回を終えてチェンジになったとき、ここには必ず、何かしらの記号が入るということをおぼえておきましょう。

得点の記号
自責点と非自責点を区別する

得点が記録されたら、マス目の中心部に得点の記号が入ります。自責点による生還の場合は「●」、非自責点の場合は「○」を記入します。

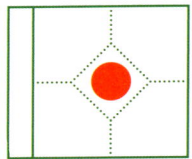

自責点
自責点（Earned Run）とは、ピッチャーの責任とされる失点。総失点からエラーや捕逸が関係した失点をのぞいたものです。

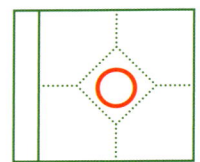

非自責点
非自責点とは、守備のエラーなどがからんだ、ピッチャーの責任によらない失点のこと。〔公認野球規則10.18〕参照。

残塁の記号
チェンジになったら「ℓ」を書く

3アウトが宣告された回の終了時、塁上にランナーが残っている場合は、マス目の真ん中に「ℓ」の記号を書き入れます。また、チェンジになったら、その記号としてマス目の右下に赤で斜線2本を引きましょう。

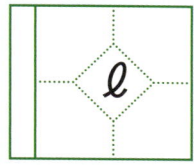

残塁
残塁を意味する「ℓ」はレフトオンベース（left on base）の頭文字を小文字の筆記体で示したものです。

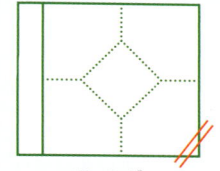

チェンジ
チェンジの記号を書き入れることで、次の回に誰から攻撃が始まるのかがすぐにわかります。

アウトカウントの記号
「Ⅰ・Ⅱ・Ⅲ」のローマ数字を使う

バッターやランナーがアウトになったら、「Ⅰ」「Ⅱ」「Ⅲ」といったローマ数字でアウトカウントの数字を書き入れます。

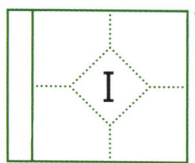

アウトカウント
1アウト「Ⅰ」
2アウト「Ⅱ」
3アウト「Ⅲ」

PART **1** 基本編

ボールカウントの記入

ストライク・ボール・ファウルボール

球審がストライクやボール、ファウルボールなどの判定をしたら、マス目の左側の欄にボールカウントを記入します。また、記号を工夫することで、見逃し三振や空振り三振、バントの空振り、バントのファウルボールなども書き分けることができます。

基本は3種類
シンプルな記号で小さく書く

ボールカウントは、ストライクとボール、そしてファウルボールを書き分けます。ボールカウントを記入する欄は狭いので、できるだけ小さな文字（記号）で、上から順番に詰めて書くように心がけましょう。記号を複雑にしすぎると、データが煩雑になりがちなので、シンプルで正確な記入を心がけてください。

■記号の凡例1（基本の3種類）
ストライク　　　○
ボール　　　　　−
ファウルボール　∨

■記号の凡例2
見逃しストライク　　　○
空振りストライク　　　⊕
ボール　　　　　　　　−
ファウルボール　　　　∨
バントの空振り　　　　⊙
バントのファウルボール　⩔

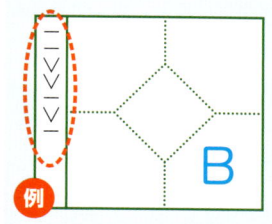

例

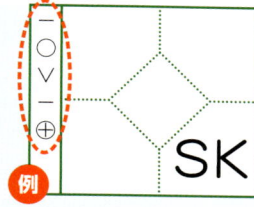

1球目…ボール
2球目…見逃しストライク
3球目…ファウルボール
4球目…ボール
5球目…空振りストライク

例

1球目…ボール
2球目…ボール
3球目…ファウルボール
4球目…ファウルボール
5球目…ボール
6球目…ファウルボール
7球目…ボール

例

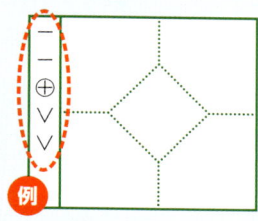

1球目…ボール
2球目…ボール
3球目…空振りストライク
4球目…ファウルボール
5球目…ファウルボール

※3ストライク目を記入しない書き方もあります。

〔参考〕投球コースを書き分ける ▶44ページ

PART 1 基本編

打撃結果の記入①

さまざまなヒット

ヒットによってバッターランナーが出塁したら、マス目に赤の斜線を引いて、どの塁まで進塁したかを表します。こうすれば塁打も数えやすく、エラーやフォアボールでの出塁と容易に区別できるので、試合後の集計もスムーズにいきます。

単打、2塁打、3塁打
進塁した塁まで赤線を引く

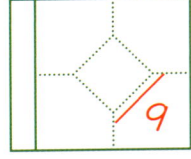

シングルヒット（単打）
ライト前

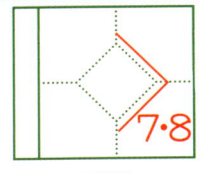

2塁打
左中間

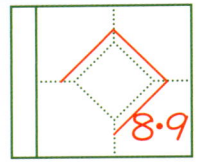

3塁打
右中間

　ヒットが記録されたら、マス目の中心に破線で描かれたダイヤモンドの形にそうようにして、赤線を引き、バッターランナーがどの塁まで進塁したかを明らかにします。シングルヒット（単打）では1本、2塁打では2本、3塁打では3本の辺が引かれます。

内野安打
内野手の守備番号を囲む

内野安打で出塁した場合は、斜線を引くとともに内野手の守備番号を囲み、バントヒットの場合はさらに「ＢＨ」（Bunt Hitの略記号）と書きそえます。

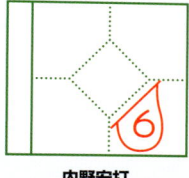

内野安打
ショートが捕球

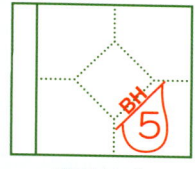

バントヒット
サードが捕球

本塁打（ホームラン）
マス目の中央にダイヤモンドを描く

本塁打（ホームラン）を放つと斜線が4本となって、ひし形のダイヤモンドが完成します。ランニングホームラン（Running Home Run）の場合は、「RH」という略記号を書きそえます。

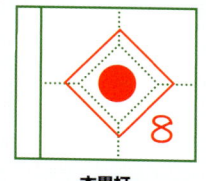

本塁打
センター方向

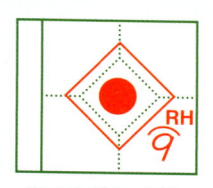

ランニングホームラン
ライトオーバー

[参考] 打球の種類と方向 ▶24ページ
ヒット＋走塁死 ▶79ページ
ヒット＋エラー ▶80ページ
サヨナラ ▶ 100ページ

PART 1 基本編

打撃結果の記入②

三振

三振は「K」、またはStruck Outの略記号である「SO」で表します（本書では「K」を推奨）。空振り三振を「SK」、見逃し三振を「K」と書き分けて、三振の結果をより詳しく記入すれば、スコアカードから打者の心理を読み取ることもできます。

三振の内容を書き分ける
見逃し三振は「K」、空振り三振は「SK」

見逃し三振を「K」、空振り三振を「SK」と書き分けることで、三振という結果の裏にある、バッターとバッテリーの心理的な駆け引きの様子まで描くことができます。

また同時に、マス目に記号を書き入れるだけでなく、ボールカウント欄にも○（見逃し三振）、⊕（空振り三振）、∨（スリーバント失敗）を書き分けるクセもつけましょう。

見逃し三振
見逃しと空振りを書き分ける場合、三振を表す「K」の記号は「見逃し三振」です。

空振り三振

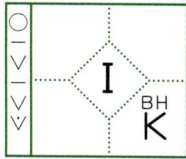

「空振り三振」は「SK」と表記することもあります。Sはスイングアウト（Swing Out）の頭文字。

スリーバント失敗

2ストライク後、バントがファウルボールになった場合は、バッターは三振アウトの扱いになります（ただしファウルボールを捕球された場合は三振になりません）。記号は、三振を表す「K」の上に「BH」を書きそえます。

スコアラーアドバイス！ 知っておきたいさまざまな三振記号

「SO」は三振（Struck Out）を意味する略記号。見逃し三振を「SO」とした場合、これを〇で囲んだものが空振り三振になります。

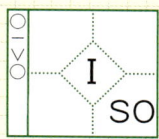

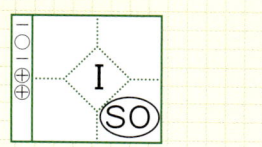

振り逃げ
三振記号を逆像にした「⋊」を書く

振り逃げができる条件は「0アウトか1アウトで、1塁にランナーがいないとき」、または「2アウトで1塁にランナーがいるとき」です。野手が1塁に送球、またはタッグアウトする前に1塁に到達すれば、バッターはアウトになりません（三振は記録されます）。

振り逃げで出塁したときは、マス目の右下に三振記号を逆像にした「⋊」を記入します。

振り逃げで出塁
三振記号を逆像にした「⋊」を記入。

振り逃げの原因を示すとき

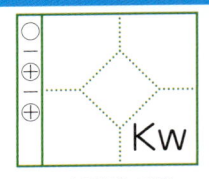

ワイルドピッチが原因の振り逃げ
「Ｋw」または「⋊wp」と記入。

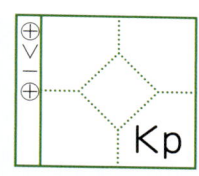

**パスボールが
原因の振り逃げ**
「Kp」または「KPB」と記入。

バッターランナーがアウトになったとき

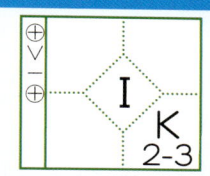

**振り逃げのバッターランナーを
1塁への送球でアウトにしたとき**
三振を示す「K」の下に、野手間
の送球順序を記入。

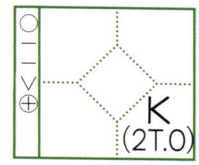

**振り逃げのバッターランナーを
タッグアウトにしたとき**
走り出したバッターランナーをキャッチャーが追いかけ、タッグアウトしたときは、三振を示す「K」の下に「2T.0」と書きそえます。

PART 1 基本編

打撃結果の記入③

フォアボール・デッドボール

フォアボール（四球）は「B」、デッドボール（死球）は「DB」という略記号を、青字で書き入れます。また、敬遠（故意四球）を「IB」と記入すれば、ストライクが入らずに1塁へ歩かせてしまう"通常のフォアボール"と区別することができます。

B　フォアボール

Base on Ballsの略記号として「B」または「BB」を使用します。敬遠の場合は、「IB」や「☆B」と記入する場合もあります。

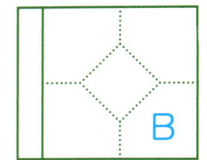

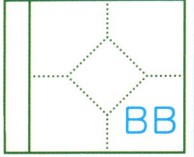

DB　デッドボール

Dead Ballの略記号として、「DB」を用います。ちなみに、スリーボールからの投球が打者のカラダに当たった場合は、フォアボールではなくデッドボールとなります。

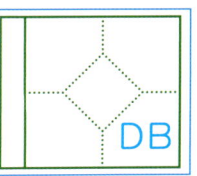

フォアボールの書き分け
通常のフォアボールは「B」、敬遠は「IB」

　フォアボールには、ストライクが入らなかった場合と、あえて1塁に歩かせる敬遠があります。

　スリーボールになるまではキャッチャーが座っていたが、フォアボールとなる投球のときに立ち上がり、故意に勝負を避けた場合も敬遠として記録します。

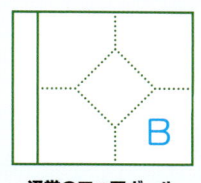

通常のフォアボール

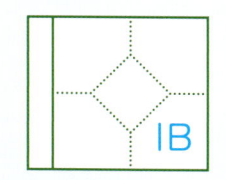

敬遠
敬遠は、「IB」または「☆B」と記入。「IB」はIntentional Base on Ballsの略です。

PART 1 基本編

打撃結果の記入④

凡打とエラー

ヒット同様に凡打の場合も打球の種類と方向を記入します。バッターランナーが野手のエラーによって出塁したときは、記入のしかたを変えて、ヒットで出塁した場合と区別します。

凡打
バッターが凡打に打ち取られたとき

凡打になったときは、打球の種類と方向を記入し、マス目の真ん中にアウトカウントの数字を書き入れます。

例 センターフライ: Ⅰ / $\overline{8}$

例 ショートライナー: Ⅱ / $\overline{6}$

例 ピッチャーゴロ: Ⅲ / 1-3

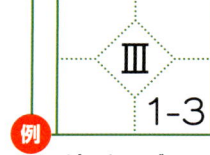

野手のエラー
バッターランナーがエラーで出塁したとき

バッターランナーがエラーによって出塁したら、Errorの略記号として「E」を、エラーをした野手のポジション番号の後ろに記入します。

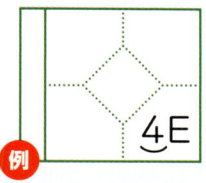

例 4E
セカンドがゴロを捕球エラー

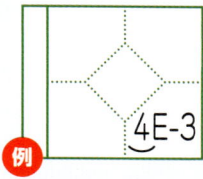

例 4E-3
ゴロを捕球したセカンドが1塁へ悪送球

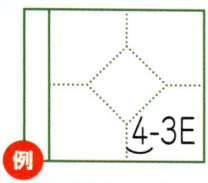

例 4-3E
ゴロを捕球したセカンドが1塁へ送球したが、ファーストが捕球エラー

野手がボールを弾いた場合
デフレクトしたら2人の野手を「・」でつなぐ

野手が弾いてしまった打球を、別の野手がカバーしてランナーをアウトにした場合(デフレクト)は、2人の野手の間を「・」でつないで記入します。

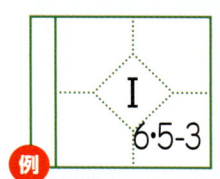

例 Ⅰ 6・5-3
ショートが弾いた打球をサードが処理
ショートが弾いたボールをさばいて、ファーストへ送球。

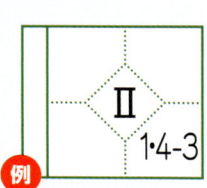

例 Ⅱ 1・4-3
ピッチャーが弾いた打球をセカンドが処理
ピッチャーが弾いたボールをセカンドがさばいて、ファーストへ送球。

例 6E
デフレクトした後にバッターランナーが出塁した場合
ショートが弾いてしまったボールをサードがさばいたが、1塁への送球が間に合わずにバッターランナーが出塁した場合は、デフレクトを記入せずに、ショートの捕球エラーとして記録します。

COLUMN

投球コースを書き分ける

投球結果はストライクとボール、ファウルボールを書き分けるのが基本ですが、記号を工夫すれば、内角・外角・高低などの投球コースを表すことができます。ここではその書き方の一例を紹介しましょう。

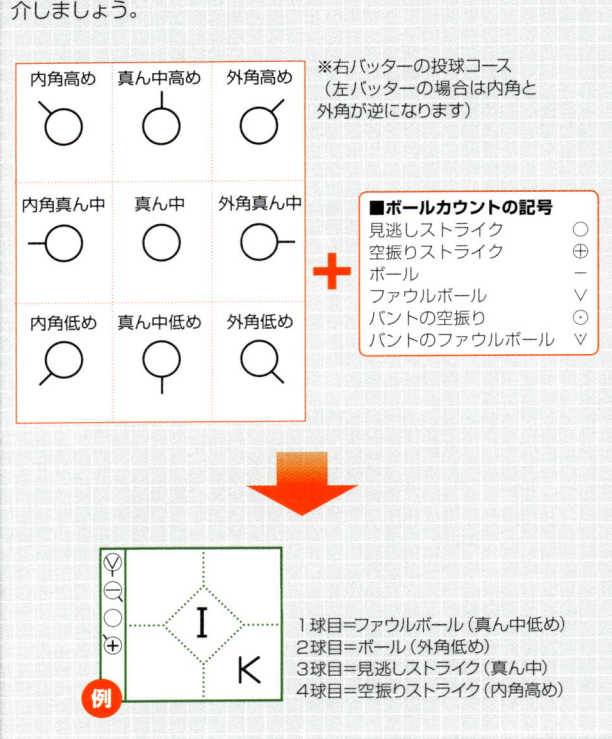

内角高め	真ん中高め	外角高め
内角真ん中	真ん中	外角真ん中
内角低め	真ん中低め	外角低め

※右バッターの投球コース
（左バッターの場合は内角と外角が逆になります）

■ボールカウントの記号

見逃しストライク	○
空振りストライク	⊕
ボール	−
ファウルボール	∨
バントの空振り	⊙
バントのファウルボール	∨̇

例

1球目＝ファウルボール（真ん中低め）
2球目＝ボール（外角低め）
3球目＝見逃しストライク（真ん中）
4球目＝空振りストライク（内角高め）

PART 2

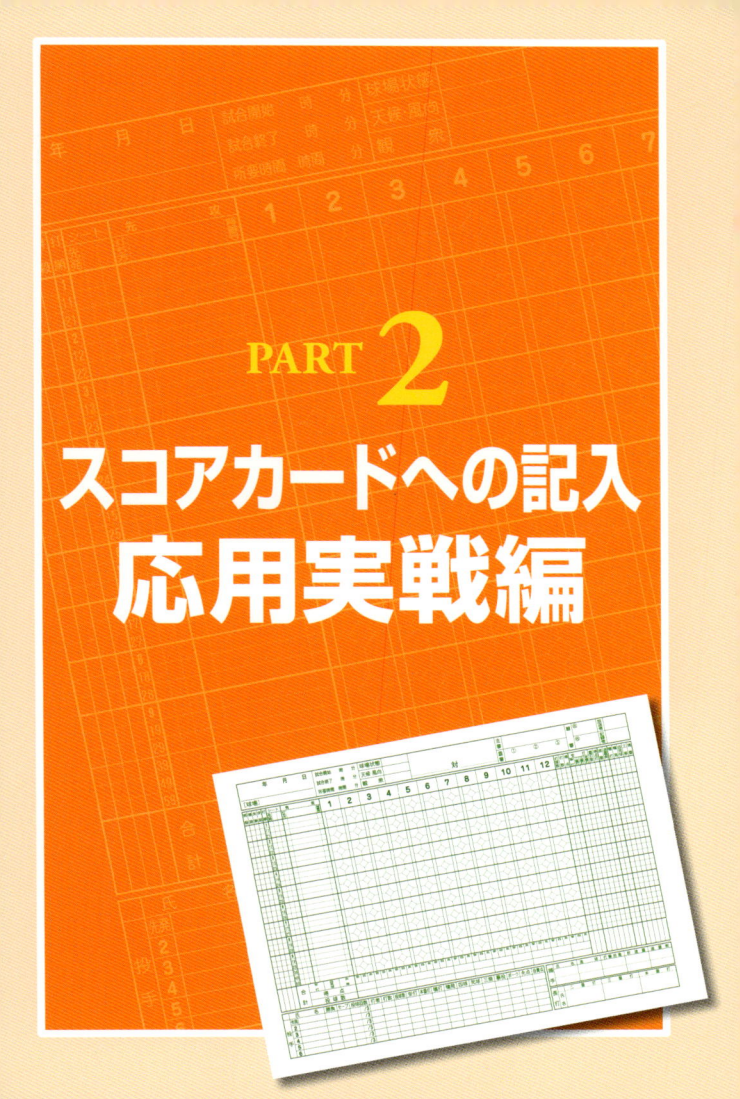

スコアカードへの記入
応用実戦編

PART 2 応用実戦編

ランナー進塁の記入①

ヒットでの進塁

後続バッターの打撃によって、ランナーが進塁したときの記入方法を紹介します。ランナーが進塁するのはヒットや送りバントだけとは限りません。凡打や四死球でも、同様の方法で、どのランナーがどの塁まで進んだのかを明確にします。

打席番号をカッコでくくる
バッターの打撃でランナーが進塁

ランナーがバッターの打撃によって進塁したときは、その塁のマス目に、バッターの打席番号をカッコでくくって記入します。

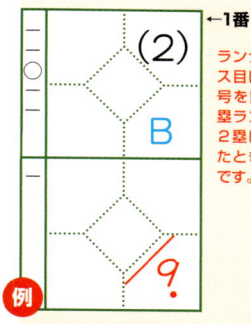

例 1塁から2塁へ
ランナーのマス目に打席番号を記入。1塁ランナーが2塁に進塁したときは右上です。

2番バッターのライト前ヒットにより、1塁ランナーは2塁へ進塁。

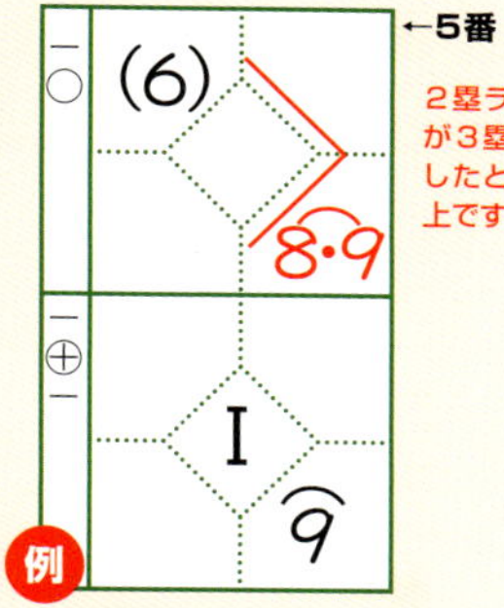

例 2塁から3塁へ
2塁ランナーが3塁に進塁したときは左上です。

6番バッターのライトフライで、2塁ランナーがタッチアップし、3塁へ進塁。

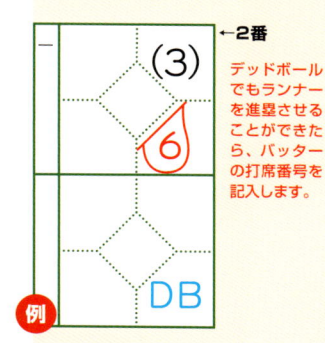

例 1塁から2塁へ
デッドボールでもランナーを進塁させることができたら、バッターの打席番号を記入します。

3番バッターへの初球がデッドボールとなり、1塁ランナーは2塁へ進塁。

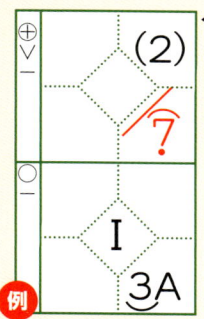

例 1塁から2塁へ
凡打や四死球であっても、ランナーが進塁した場合の記入は変わりません。

2番バッターのファーストゴロでアウトになった間に1塁ランナーは2塁へ進塁。

PART 2 スコアカードへの記入 応用実戦編

塁を線でつなぐ
ランナーが2つ以上進塁した場合と打点

1塁ランナーが3塁へ進塁するなど、ランナーが2つ以上進んだ場合は、元の塁と進んだ塁を線でつなぎ、進塁した塁のマス目に、ヒットを打った選手の打席番号をカッコで記入。ランナーが生還した場合は、打点を記録した選手の打席番号を○で囲みます。

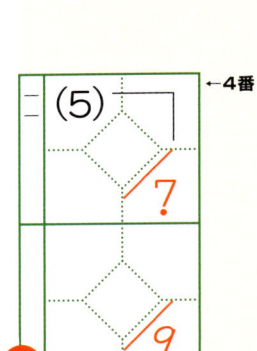

例

1塁から3塁へ
4番バッターがレフト前ヒットで出塁。5番バッターのライト前ヒットにより、1塁ランナーは3塁へ。

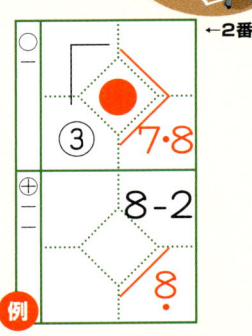

例

2塁から本塁へ
2番バッターが左中間への2塁打で出塁。3番バッターのセンター前ヒットにより、2塁ランナーは本塁へ生還。その間、バッターランナーは2塁へ。

塁を矢印でつなぐ
ランナーが進塁先でアウトになった場合

1塁から3塁、2塁から本塁というように、ランナーが2つ以上進塁しようとしてアウトになった場合は、元の塁とアウトになった塁を、矢印の線でつなぎます。アウトになった塁のマス目には、野手の送球順序を書き入れられます。

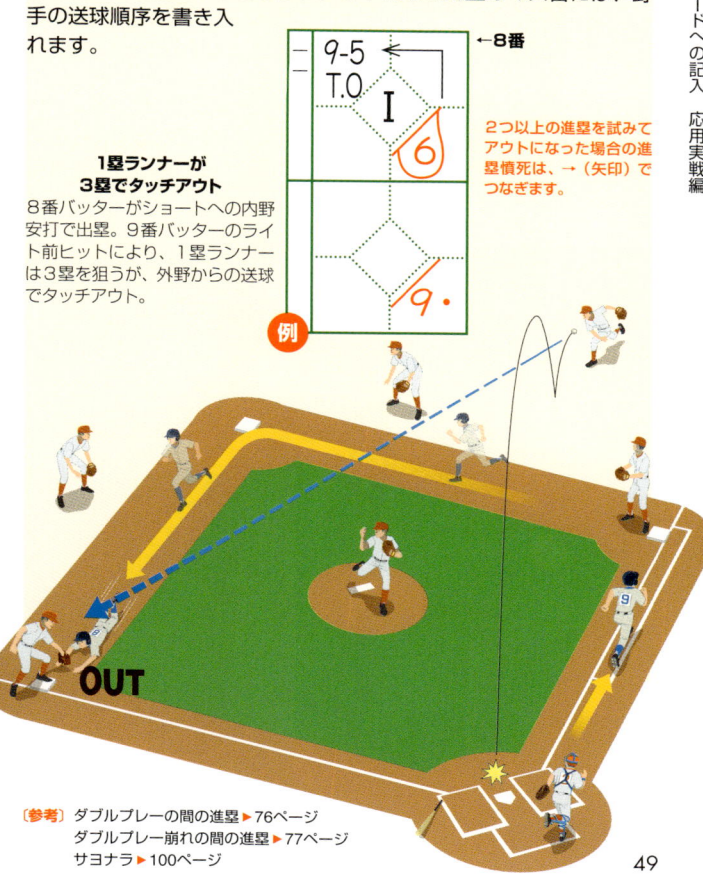

←8番

```
9-5
T.O
   I
      6
      9・
```

2つ以上の進塁を試みてアウトになった場合の進塁憤死は、→（矢印）でつなぎます。

1塁ランナーが3塁でタッチアウト
8番バッターがショートへの内野安打で出塁。9番バッターのライト前ヒットにより、1塁ランナーは3塁を狙うが、外野からの送球でタッチアウト。

例

OUT

〔参考〕ダブルプレーの間の進塁 ▶76ページ
ダブルプレー崩れの間の進塁 ▶77ページ
サヨナラ ▶100ページ

PART 2 応用実戦編

ランナー進塁の記入②

犠牲フライ

ランナーを進塁させる目的で自分がアウトになる「犠牲フライ」は、記録上「犠打」とみなされるので、打数には数えられません。そのため、スコアカードにおいても、通常のアウトとは記入のしかたが異なります。

犠牲フライの記入の基本
△で囲んで通常のフライアウトと区別する

通常のフライアウトと区別するため、犠牲フライは「△」で囲んで記入します。また、この他にも、野手の守備番号の左側に「◇」や、Sacrifice Flyの略号「ＳＦ」をつける記入方法もあります。
なお、打点が記録されないフライは犠牲フライにはなりません。

例 ライトへの犠牲フライ
犠牲フライは犠打なので、打数に数えられません。

←4番

C O L U M N

内野手が外野手の守備範囲でフライをキャッチ

基本的に内野手がフライを捕球した場合は犠打とみなされませんが、捕球した位置が外野手の守備範囲であれば犠打として記録されます。

例 セカンドへの犠牲フライ

←4番

スコアラーアドバイス！
外野手がフライを捕りそこなっても犠牲フライが記録される？

0アウトもしくは1アウト、ランナー3塁の状況で、大きな外野フライが上がり、野手がまさに捕球しようとした瞬間、ボールがグラブからこぼれて落球し、得点が入ったとき、どのように記入すればいいでしょうか？　たんなる野手のエラー？　実はこういった外野手が捕球をしそこなった場合でも、もしその打球を捕球してもランナーがタッチアップして本塁に生還できたと判断される場合は、犠牲フライとして記録し、打者に打点1がつく場合があります。こういった判断の違いによって選手の成績も変わってしまうこともあるので、スコアラーには冷静に試合を見ることが求められます。

[参考] タッチアップ失敗 ▶77ページ

ランナー進塁の記入③

PART 2 応用実戦編

送りバント

バッターがアウトになる代わりに、ランナーを進塁させるバントは、「送りバント」または「犠牲バント」と呼ばれます。犠牲フライと同様、記録では「犠打」になるので、送りバントを成功させて自分がアウトになっても打率が下がることはありません。

送りバントの記入の基本
□で囲んで通常のゴロアウトと区別する

通常のゴロアウトの表記を「□」で囲んで、凡打と区別して記入します。また、捕球した野手の左側に「◇」や、Sacrifice Hitsの略記号「SH」をつける記入方法もあります。送りバントが結果的にヒットになったときの記入方法は、通常のバントヒット（35ページ参照）と同じです。

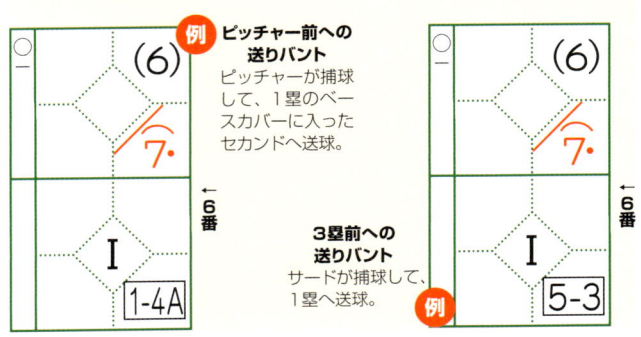

例 ピッチャー前への送りバント
ピッチャーが捕球して、1塁のベースカバーに入ったセカンドへ送球。

例 3塁前への送りバント
サードが捕球して、1塁へ送球。

← 6番

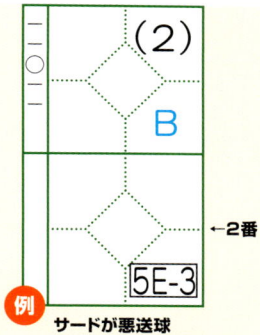

例 サードが悪送球

サードが捕球して、1塁へ悪送球した場合、エラーがなければバッターランナーをアウトにできたと判断されれば、送りバント（犠打）とサードのエラー（失策）が記録されます。

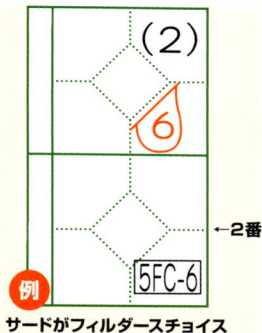

例 サードがフィルダースチョイス

サードが捕球して、2塁に送球したが間に合わず、1塁でバッターランナーの出塁を許してしまった場合、送りバント（犠打）とフィルダースチョイス（野手選択）が記録されます（フィルダースチョイスについては86ページ参照）。

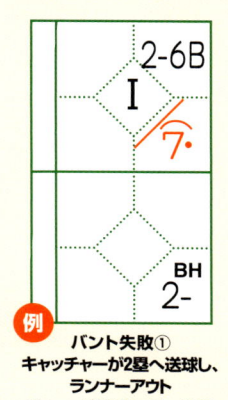

例 バント失敗①　キャッチャーが2塁へ送球し、ランナーアウト

キャッチャーが捕球して、2塁へ送球（2塁ベースカバーはショート）。1塁ランナーはアウト（二封）。バッターランナーは1塁へ出塁。

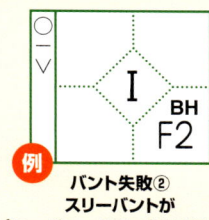

例 バント失敗②　スリーバントがキャッチャーのファウルフライに

スリーバントを試みたバッターの打球がファウルフライとなり、野手が捕球してアウトになった場合は、三振とならず野手の刺殺（キャッチャーが捕球した場合は「F2」）として記録されます。

［参考］送りバント失敗▶74ページ
　　　　スクイズ▶54ページ

PART2 スコアカードへの記入　応用実戦編

PART 2 応用実戦編

ランナー進塁の記入④

スクイズ

3塁ランナーをホームインさせる目的で行う送りバントは、「スクイズ」または「スクイズバント」と呼ばれます。通常のスクイズでは、3塁ランナーは投球と同時にスタートを切りますが、打球が転がってから走り出す場合もあります。

スクイズの記入の基本
スクイズが成功、失敗したとき

スクイズとは、0アウトまたは1アウトの場面で、バントで3塁ランナーを生還させる作戦です。スクイズが成功した場合は、バッターに犠打と打点が記録されます。

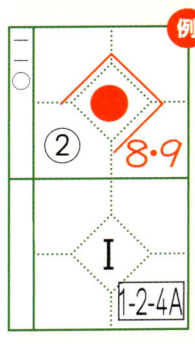

例 スクイズ成功①
0アウト3塁の場面、2番バッターがスクイズバントで打球をピッチャー前へ。捕球したピッチャーが本塁へ送球し（クロスプレイでセーフ）。すぐにキャッチャーが1塁（セカンド）へ送球し、バッターランナーはアウト（1アウト）。

② 8・9
Ⅰ
1-2-4A

スクイズ成功②
0アウト3塁の場面、2番バッターがスクイズバントで打球をピッチャー前へ。ピッチャーが本塁へ送球（クロスプレイでセーフ）。バッターランナーは1塁へ出塁（0アウト1塁）。

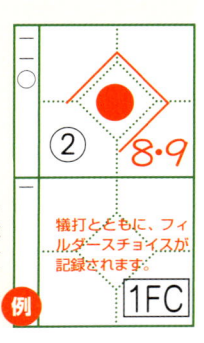

② 8・9
犠打とともに、フィルダースチョイスが記録されます。
1FC

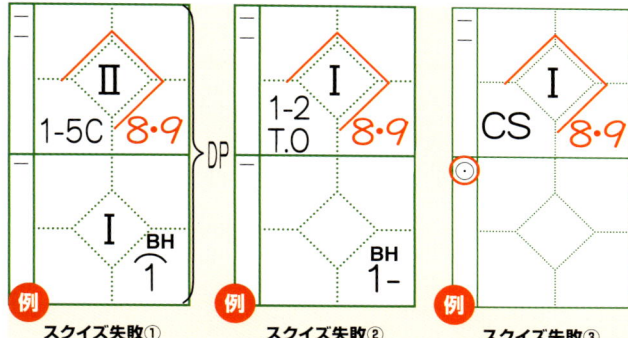

スクイズ失敗①
0アウト3塁の場面、スクイズバントで打球はピッチャーフライに。3塁ランナーがスタートを切っており、ピッチャーが3塁に送球してアウト、ダブルプレー（2アウトランナーなし）。

スクイズ失敗②
0アウト3塁の場面、スクイズバントで打球をピッチャー前へ。ピッチャーが本塁へ送球し、3塁ランナータッチアウト。バッターランナーは1塁へ出塁（1アウト1塁）。

スクイズ失敗③
0アウト3塁の場面、1球目にスクイズバントを空振り。飛び出した3塁ランナーは本塁で憤死（1アウトランナーなし）。ボールカウント欄には、バント空振りの記号を記入します。

C O L U M N

2塁ランナーも生還する
ツーランスクイズ

　ランナー2・3塁の場面でスクイズをし、打球を処理した野手が1塁に送球する間に、3塁ランナーだけでなく2塁ランナーも本塁に突入して、一挙に2点を奪うプレーをツーランスクイズといいます。成功するとバッターに打点2が記録されます。

PART 2 応用実戦編

ランナー進塁の記入⑤

盗塁

盗塁の記入は、ボールカウントを赤丸で囲んで、ランナーがいつどの場面で走ったのかを明確にすることが重要です。盗塁成功の場合は「S」、盗塁失敗の場合は「CS」、ダブルスチールが成功した場合は「DS」という略記号を、ランナーのマス目に書き入れます。

盗塁が成功した場合
マス目に「S」を書き、ボールカウントを囲む

盗塁は、Stealの略語である「S」、またはStolen Baseの頭文字を並べた「SB」で表されます。1塁ランナーが2塁への盗塁に成功したら、右上のマス目に記号を書き入れ、ランナーが走り出したボールカウントを○で囲みます。

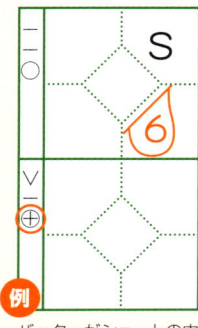

例 バッターがショートの内野安打で出塁。次のバッターの3球目に盗塁を敢行し、成功。

ダブルスチールが成功した場合

ダブルスチールは、各ランナーの進塁先に「DS（Double Stealの頭文字）」を記入します。ランナーが走ったときのボールカウントを○で囲みます。

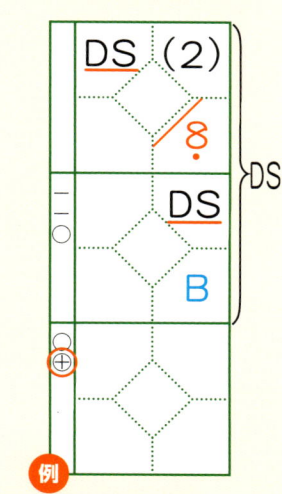

例

3番バッターの2球目にダブルスチールを敢行し、成功。

盗塁失敗は「CS」と書く

盗塁が失敗した場合は、ランナーがアウトになったマス目に、盗塁失敗（Caught Stealing）を意味する「CS」の記号と、カッコ内にボールの移動を記入します。さらに、ランナーが走ったときのバッターのボールカウントを○で囲みます。

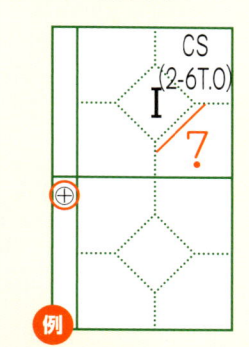

例

2番バッターの初球に、1塁ランナーが盗塁。キャッチャーが2塁（ベースカバーがショート）へ送球し、ランナーはタッチアウト。

> **スコアラーアドバイス！**
>
> ### ダブルスチールの記入を際立たせる工夫
>
> ダブルスチールはチャンスを広げる特筆すべきプレーの一つです。ダブルスチールが成功したら、マス目に記す2箇所の「DS」に下線を引き、マス目をカッコでくくるとプレーがいっそう目立って、集計がしやすくなります。

実戦ケース

盗塁①
野手無関心の盗塁はフィルダースチョイス

守備側が故意に盗塁のランナーをアウトにしようとしなかった場合は、盗塁を記録せずにフィルダースチョイス（野手選択）を記録します。

ただし、キャッチャーが2塁へ送球しなくても、捕球直後に少しでもランナーに反応した動き（送球動作など）をしたときは盗塁が記録されます。

```
 ─   (3)       ←2番
 ○
         7・8

 ⊕
 ─    FC
 ─
         ④

 ─
 ○

 例
```

サヨナラの場面なので、3塁ランナーが生還すれば試合が終了するため、キャッチャーは1塁ランナーの盗塁を阻止しようとしなかったケースです。右上のマス目には、「S」ではなく「FC」を記入します。

9回裏同点の場面
（0アウト1・3塁）
4番バッターの初球に、1塁ランナーが盗塁を試みるが、キャッチャーは2塁へ送球せず。ランナーは2塁へ進塁（0アウト2・3塁）。

盗塁②
盗塁を阻止しようとした送球が悪送球になったとき

　盗塁を阻止しようとしたキャッチャーの悪送球で、ランナーが進塁した場合は、エラー（失策）ではなく、ランナーの盗塁として記録します。ただし、この悪送球によってランナーが次の塁へ進んだ場合は、盗塁とともにエラー（失策）も記録します。

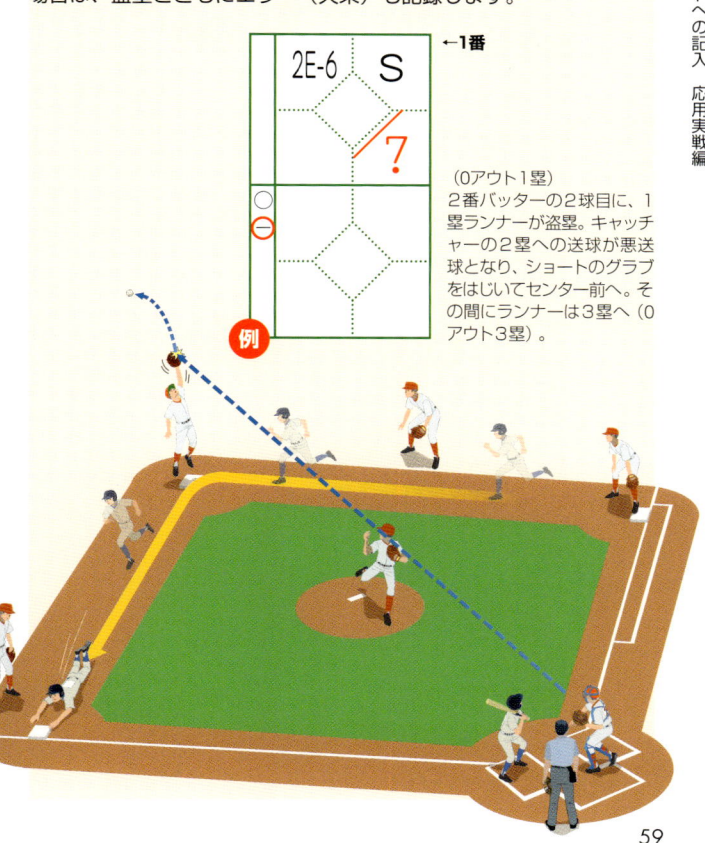

←1番

2E-6　S

7

（0アウト1塁）
2番バッターの2球目に、1塁ランナーが盗塁。キャッチャーの2塁への送球が悪送球となり、ショートのグラブをはじいてセンター前へ。その間にランナーは3塁へ（0アウト3塁）。

例

PART2　スコアカードへの記入　応用実戦編

実戦ケース

盗塁③

ダブルスチール失敗で1人がアウトになったとき

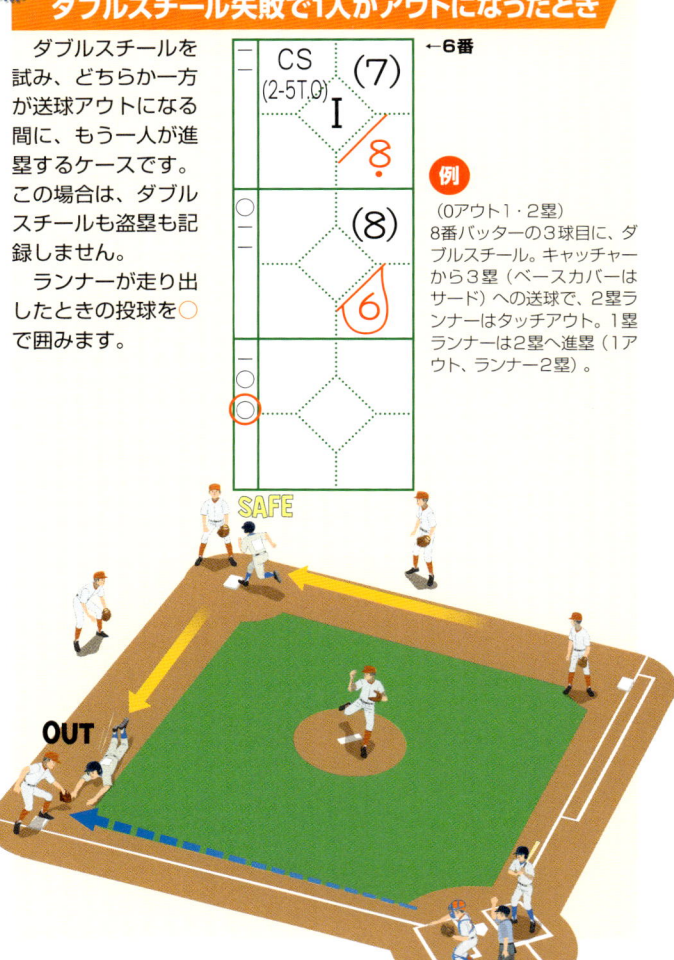

ダブルスチールを試み、どちらか一方が送球アウトになる間に、もう一人が進塁するケースです。この場合は、ダブルスチールも盗塁も記録しません。

ランナーが走り出したときの投球を○で囲みます。

		←6番
ー	CS (2-5T,0)	(7) I 8.
○		(8) 6
ー ○	○	

例

(0アウト1・2塁)
8番バッターの3球目に、ダブルスチール。キャッチャーから3塁(ベースカバーはサード)への送球で、2塁ランナーはタッチアウト。1塁ランナーは2塁へ進塁(1アウト、ランナー2塁)。

SAFE

OUT

60

盗塁④
トリプルスチールが成功したとき

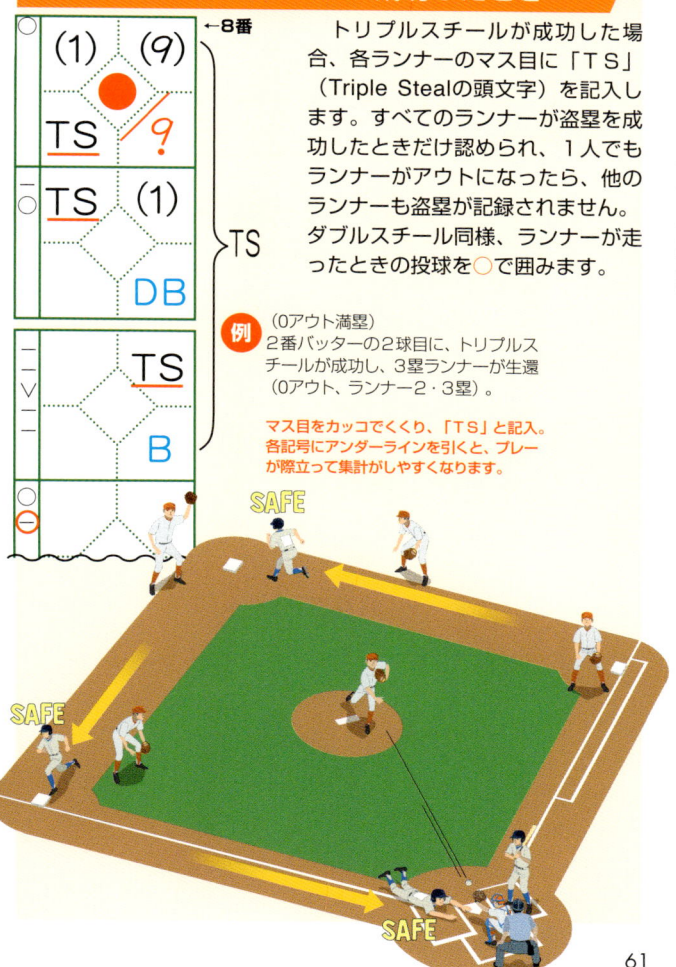

トリプルスチールが成功した場合、各ランナーのマス目に「TS」（Triple Stealの頭文字）を記入します。すべてのランナーが盗塁を成功したときだけ認められ、1人でもランナーがアウトになったら、他のランナーも盗塁が記録されません。ダブルスチール同様、ランナーが走ったときの投球を○で囲みます。

例 （0アウト満塁）
2番バッターの2球目に、トリプルスチールが成功し、3塁ランナーが生還（0アウト、ランナー2・3塁）。

マス目をカッコでくくり、「TS」と記入。各記号にアンダーラインを引くと、プレーが際立って集計がしやすくなります。

PART 2 応用実戦編

ランナー進塁の記入⑥

実際の進塁例

例1) デッドボール→送りバント→内野安打→犠牲フライ

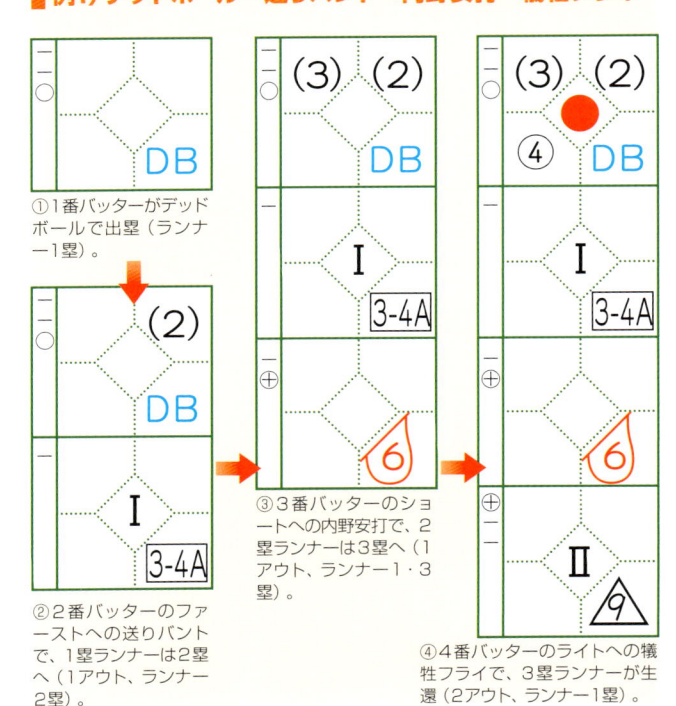

①1番バッターがデッドボールで出塁（ランナー1塁）。

②2番バッターのファーストへの送りバントで、1塁ランナーは2塁へ（1アウト、ランナー2塁）。

③3番バッターのショートへの内野安打で、2塁ランナーは3塁へ（1アウト、ランナー1・3塁）。

④4番バッターのライトへの犠牲フライで、3塁ランナーが生還（2アウト、ランナー1塁）。

62

実際の試合では、フォアボールや犠打（送りバント、犠牲フライ）、エラーやフィルダースチョイスなどが複雑にからんでランナーが進んでいく場面もあります。これまで学んできた基本を確認しながら、実戦に近い記入例を見ていきましょう。

〔参考〕 ダブルプレーの間の出塁▶75ページ
ダブルプレーの間の進塁▶76ページ
ダブルプレー崩れの間の進塁▶77ページ

例2) フォアボール→エラー→フィルダースチョイス→タイムリー2塁打

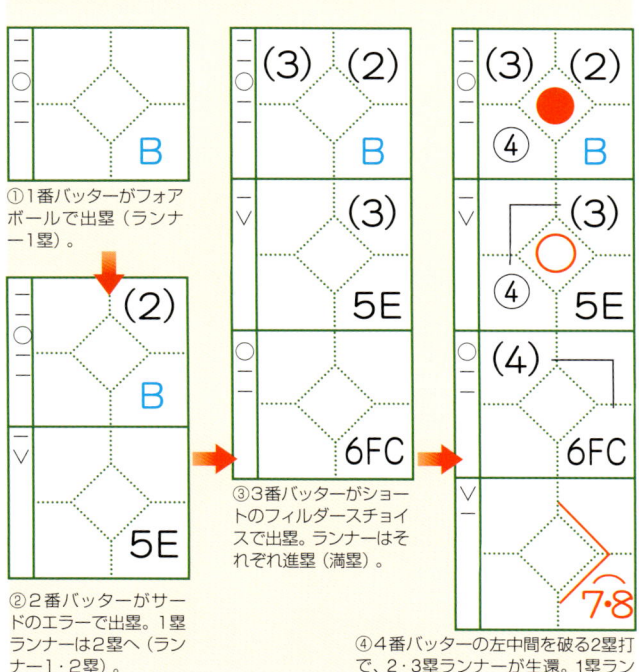

①1番バッターがフォアボールで出塁（ランナー1塁）。

②2番バッターがサードのエラーで出塁。1塁ランナーは2塁へ（ランナー1・2塁）。

③3番バッターがショートのフィルダースチョイスで出塁。ランナーはそれぞれ進塁（満塁）。

④4番バッターの左中間を破る2塁打で、2・3塁ランナーが生還。1塁ランナーは3塁へ進塁（ランナー2・3塁）。

PART 2 応用実戦編

野手間のボール移動の記入①

けん制球

けん制球を投げてランナーをアウトにした場合と、けん制悪送球で進塁を許した場合の書き方を説明します。ランナーが元の塁に戻ったときは、けん制球があったことを書き記す必要はありません。

けん制球の記入
ボールカウントの欄に「>」を挟む

ランナーがけん制球でアウトになった場合は、ボールカウントの欄に「>」の記号を赤字で記入します。ランナーのマス目には、ボールの移動と、タッグアウト（Tug Out）の頭文字である「T.O」の記号を書き入れます。

けん制球が悪送球になってランナーが進塁した場合は、悪送球をした野手の右に、エラー（Error）を意味する「E」を書きそえます。

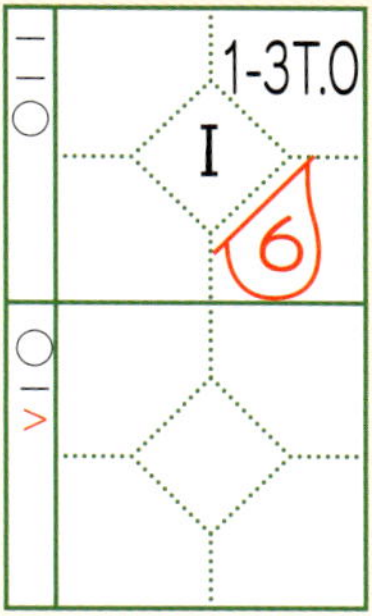

例
けん制球でアウト

ボールカウント1－1で、ピッチャーが1塁にけん制球。ファーストがタッチして、1塁ランナーがアウト。

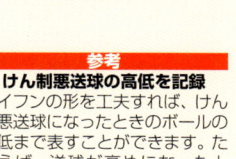

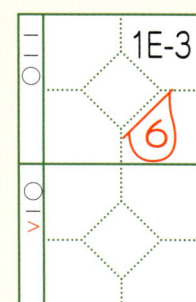

例
けん制悪送球で進塁

ボールカウント1－1で、ピッチャーが1塁にけん制悪送球。そのすきに、1塁ランナーが2塁に進塁。

参考
けん制悪送球の高低を記録

ハイフンの形を工夫すれば、けん制悪送球になったときのボールの高低まで表すことができます。たとえば、送球が高めになったときは「↗」、低めになったときは「↘」などと表します。

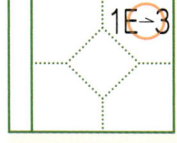

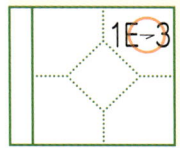

〔参考〕盗塁（悪送球）▶59ページ
けん制球からのランダウンプレー ▶68ページ

PART 2 応用実戦編

野手間のボール移動の記入②

ランダウンプレー

塁間のランナーをアウトにしようとする守備側のプレーをランダウンプレーといいます。ランダウンプレーを記入するのは、ランナーが進塁したときと、アウトになったとき。進塁できずに元の塁へ戻ったときは、とくに記入する必要はありません。

ランダウンプレーの記入の基本
参加した野手を「ー」でつなぐ

ランダウンプレーは、参加したすべての野手を順番に「ー」でつないで表します。エラーがあった場合は「E」、タッチアウトになった場合は「T.O」の記号を書きそえます。

例 9-2-5-1-6-5T.O　Ⅰ　8・9
タッチアウト
三本間（3塁と本塁の間）に挟まれたランナーを最後はサードがタッチしてアウト。

例 9-2-5-1-6E　○　8・9
エラーでホームイン
三本間に挟まれたランナーが、ショートの捕球エラーにより本塁に生還。

C O L U M N

ランダウンプレーでの送球はすべてを記入したい

　ランダウンプレーは、省略して記入する場合もありますが、できるだけすべての送球を記入しましょう。なぜなら、野手の守備能力をはかる守備率を計算する際に、刺殺や捕殺を数える必要があるからです。また、スコアカードにすべての送球を記録することで、選手が自分たちのプレーを反省する材料にもなります。

　たとえば、送球のやりとりが長くなりすぎる理由は、ボールを持った野手がランナーを追いかけることをしていないことが多く、送球のやり取りを記したことでランダウンプレーが改善され、アウトをとれるようになれば、スコアカードのデータが実戦に生かされたということになります。

　そのためにもスコアラーは、ランダウンプレーになったとき、野手やボールの動きに集中し、目を離さないようにするのが鉄則。慣れないうちは、ランダウンプレーにかかわった選手の守備番号を口に出しながら、スコアブックの余白や別の紙にメモを残しておき、イニングの合間などに記入してもいいでしょう。

実戦ケース

ランダウンプレー①
けん制球からランダウンプレーになったとき

けん制球によって、ランナーを塁間に挟みランダウンプレーでアウトにするケースです。ランナーが帰塁しようとしていたか、進塁しようとしていたかによって、記入の方法が異なります。

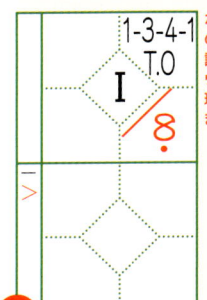

ボールカウントの欄に「>」を記入し、ランダウンプレーの送球順序を記入します。

（図：1-3-4-1 T.O / I / 8 / >）

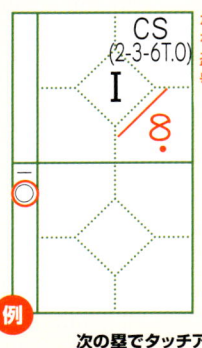

ボールカウントを赤丸で囲み、盗塁死を表す記号を記入します。

（図：CS (2-3-6T.O) / I / 8 / ◯）

例　元の塁でタッチアウト
1球目を投じた後、ピッチャーが1塁（ファースト）へけん制球。ランナーは1・2塁間に挟まれて1塁へ帰塁を試みるが、ベースカバーに入っていたピッチャーにタッチされてアウト。

例　次の塁でタッチアウト
2球目を投じた直後、キャッチャーが1塁（ファースト）へけん制球。ランナーは1・2塁間に挟まれて進塁を試み、2塁ベース上でベースカバーに入ったショートにタッチアウト。

スコアラーアドバイス！
ランダウンプレーからアウトになったときの書き分け方

ランダウンプレーになった場合、ランナーが次塁に向かって走った結果アウトになると「盗塁失敗」、元の塁に戻ろうとしてアウトになると「けん制死」となります。そのため、ボールカウント欄の記入も、盗塁死は◯、けん制死は>で記入するなどの違いがあります。

実戦ケース

ランダウンプレー②
ランダウンプレーを記入しない場合

ランダウンプレーを記入するのは、ランナーがタッチアウトになったときだけです。ランナーが塁間に挟まれても、ランナーがアウトにならずに進塁や帰塁ができた場合は、記入の必要がありません。

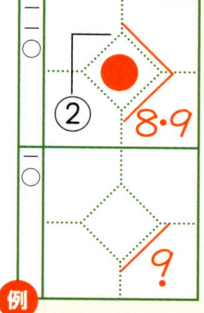

2・3塁間のランダウンプレーは無かったものと考え、盗塁だけを記録します。

例　ランダウンプレーから生還
2番バッターがライト前ヒットで出塁。3塁を回った2塁ランナーは三本間に挟まれるが、タッチをかいくぐってホームイン。

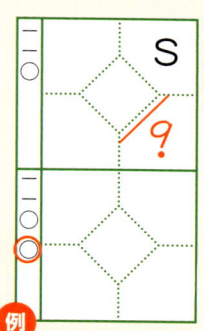

例　ランダウンプレーで帰塁
4球目に、1塁ランナーが盗塁。キャッチャーの2塁への送球が悪送球となり、3塁へ走り出したランナーが、2・3塁間に挟まれたという状況。結局、ランナーはタッチをかいくぐって2塁へ帰塁。

スコアラーアドバイス！

ちょっとした状況の違いで、記録のつけ方が変わる

左上の例のように、ランナーが三本塁間に挟まれて生還した場合でも、バッターに打点がつかないケースがあります。それは、挟まれたランナーが途中で一度止まってしまったときです。このような状況ではタイムリーと認められず、打点が記録されません。

PART 2 応用実戦編

野手間のボール移動の記入③

ダブルプレー

一つのプレーで2人の選手がアウトになるダブルプレーは、アウトになった順番でアウトカウントを記入するのが鉄則です。アウトになった選手のマス目をカッコでくくり、右側に「DP」という略記号を記入します。

ダブルプレーの記入
アウトになったマス目をカッコでくくる

ダブルプレーは、アウトカウントを順番に書き込み、アウトになった選手のマス目をカッコ(})でくくり、「DP」(Double Playの頭文字) と記入します。ちなみに日本ではダブルプレーをゲッツー(Get Two out 和製英語) ともいいます。

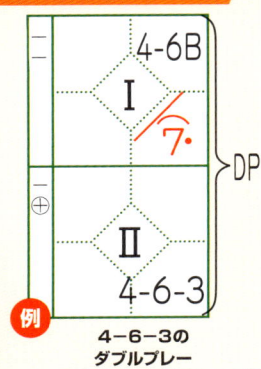

例

```
  4-6B
 I
  /7・
 II
 4-6-3
```
} DP

4-6-3の ダブルプレー

セカンドがゴロを捕球し、2塁ベースカバーに入ったショートへ送球 (1アウト)。ショートが1塁へ送球してダブルプレー。

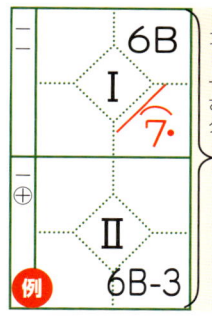

6-3のダブルプレー

ゴロを捕球したショートがそのまま2塁ベースを踏んで1アウト。さらに1塁へ送球してダブルプレー。

例：I 6B / 7・ →DP
II 6B-3

ライナーゲッツー

ライナーを捕球したセカンドが2塁ベースカバーに入ったショートへ送球し、飛び出した2塁ランナーがアウト。

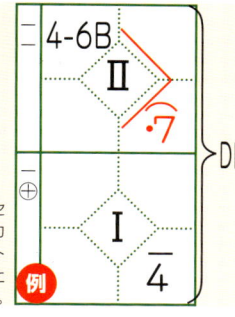

例：II 4-6B / ・7 →DP
I 4

C O L U M N

ダブルプレーとは刺殺者が最初の補殺者となるプレー

ダブルプレーは、最初のアウトを取った野手（刺殺者）が、次のプレーのアウトを取る最初の補殺者となるプレーです。

たとえば、セカンドベースに入ったショートがセカンドからの送球を受けてランナーをフォースアウトにして一つ目のアウトを取り、続いてファーストに送球して二つ目のアウトを取ったケースなどです。

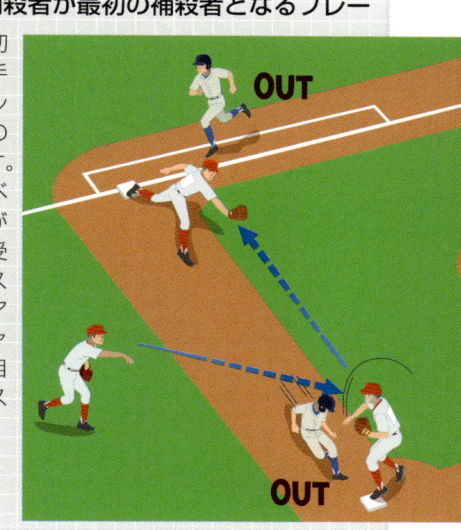

OUT

OUT

ダブルプレー①
三振ゲッツー

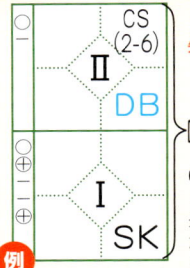

	CS (2-6)
○ー	II
	DB
○⊕ ー ⊕	I
	SK

→ DP

「三振ゲッツー」は、エンドラン失敗の場面でよく見られます。

三振ゲッツー
0アウト、ランナー1塁。バッターは空振り三振。直後、盗塁を試みた1塁ランナーが、キャッチャーの2塁（ショートがカバー）への送球によってタッチアウト。

例

OUT

OUT

72

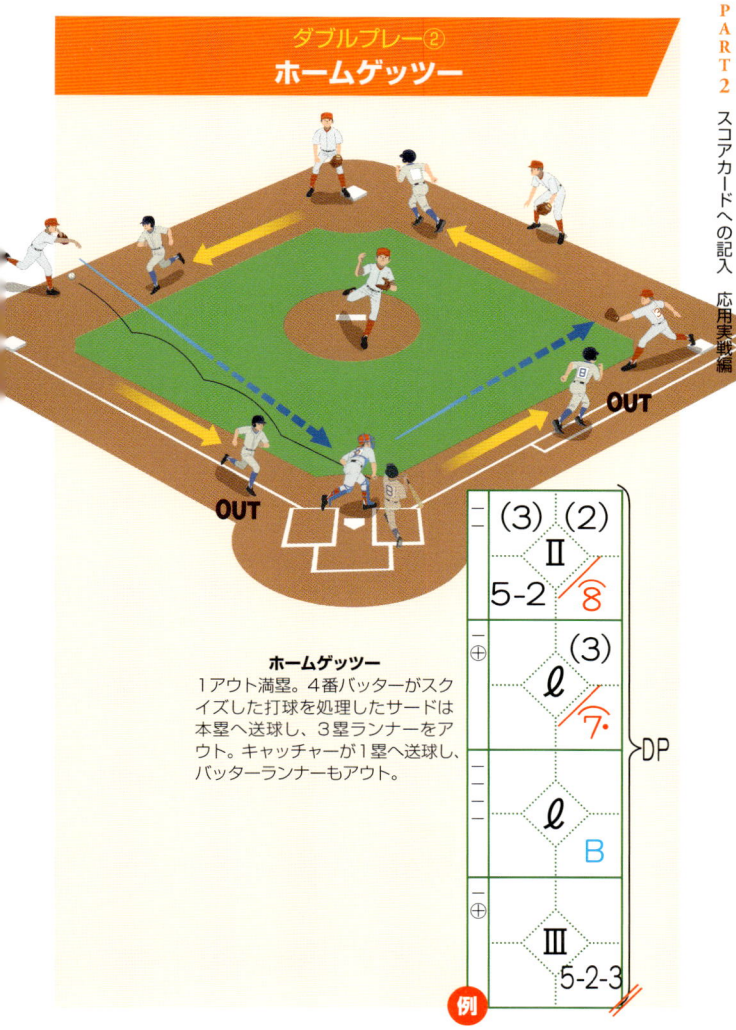

ダブルプレー②
ホームゲッツー

ホームゲッツー
1アウト満塁。4番バッターがスクイズした打球を処理したサードは本塁へ送球し、3塁ランナーをアウト。キャッチャーが1塁へ送球し、バッターランナーもアウト。

−	(3) (2) Ⅱ 5-2 / 8
⊕	(3) ℓ / 7・	⟩DP
−	ℓ B
⊕	Ⅲ 5-2-3 //

例

PART 2 スコアカードへの記入 応用実戦編

73

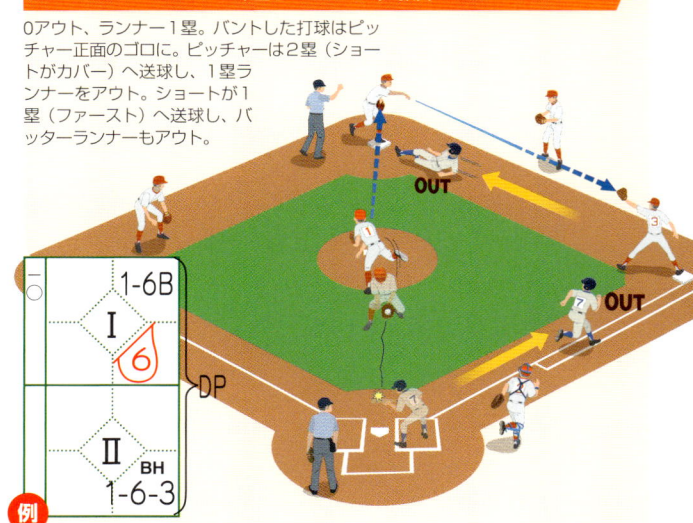

ダブルプレー③
送りバント失敗

0アウト、ランナー1塁。バントした打球はピッチャー正面のゴロに。ピッチャーは2塁（ショートがカバー）へ送球し、1塁ランナーをアウト。ショートが1塁（ファースト）へ送球し、バッターランナーもアウト。

例
- 1-6B
- Ⅰ ⑥
- DP
- Ⅱ BH
- 1-6-3

0アウト、ランナー1塁。バントした打球はキャッチャーへの小フライに。捕球後、キャッチャーは1塁（セカンドがカバー）へ送球し、2塁へスタートを切っていた1塁ランナーがアウト。

例
- 2-4A
- Ⅱ /⑨
- DP
- Ⅰ BH
- ②

ダブルプレー④
ダブルプレーの間の出塁

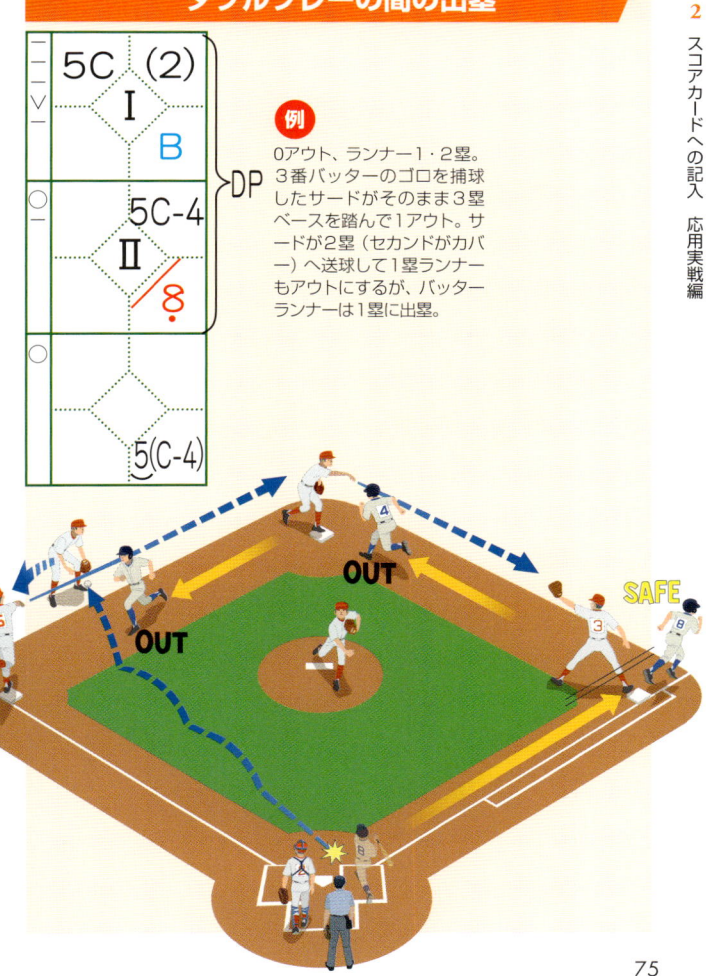

```
5C (2)
 I
    B
       ⎫
5C-4   ⎬ DP
 II    ⎭
 /8
       
5(C-4)
```

例

0アウト、ランナー1・2塁。3番バッターのゴロを捕球したサードがそのまま3塁ベースを踏んで1アウト。サードが2塁(セカンドがカバー)へ送球して1塁ランナーもアウトにするが、バッターランナーは1塁に出塁。

ダブルプレー⑤
ダブルプレーの間の進塁

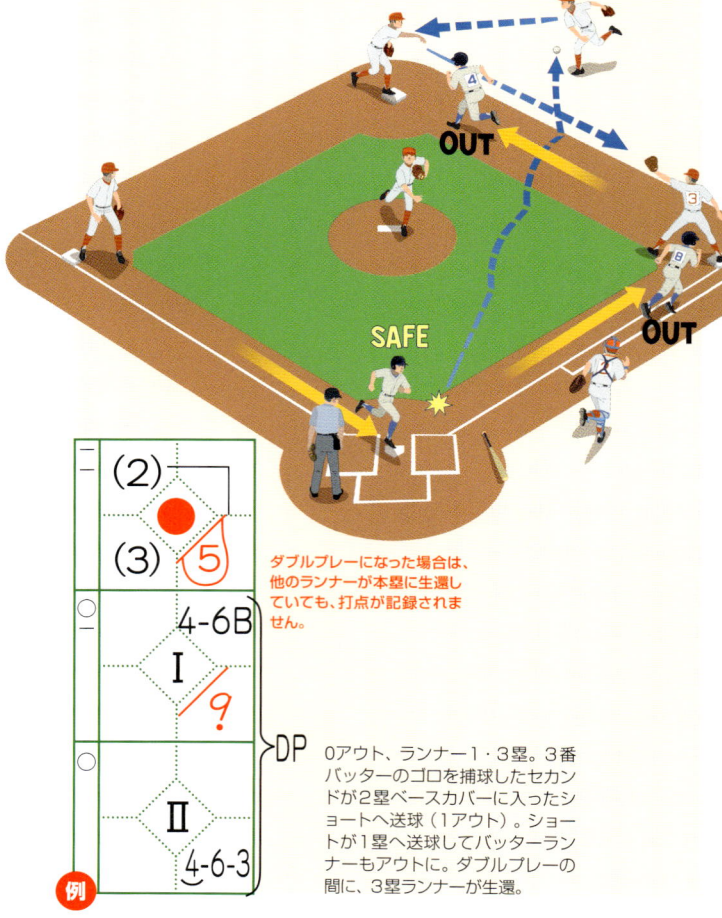

ダブルプレーになった場合は、他のランナーが本塁に生還していても、打点が記録されません。

—	(2) ● (3) ⑤
○ —	4-6B I ⑼	>DP
○	II 4-6-3

例

0アウト、ランナー1・3塁。3番バッターのゴロを捕球したセカンドが2塁ベースカバーに入ったショートへ送球（1アウト）。ショートが1塁へ送球してバッターランナーもアウトに。ダブルプレーの間に、3塁ランナーが生還。

ダブルプレー⑥
ダブルプレー崩れの間の進塁

1アウト、ランナー1・3塁。3番バッターのゴロを捕球したサードが2塁ベースカバーに入ったセカンドへ送球（2アウト）。セカンドは1塁へ送球するが、1塁はセーフに。ダブルプレー崩れの間に、3塁ランナーが生還。

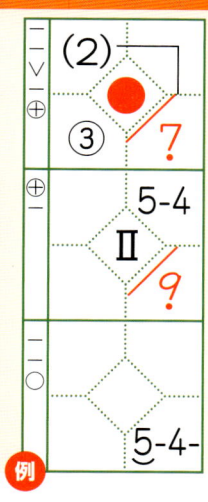

「ダブルプレー崩れ（併殺崩れ）」のケースではバッターに、犠打ではなく、打点つきの内野ゴロが記録。

スコアラーアドバイス！
タッチアップ失敗はダブルプレーにならない

0アウト、ランナー3塁。3塁ランナーはタッチアップで本塁を狙うが、レフトからの送球はサードを中継して本塁（キャッチャー）へ。3塁ランナーはタッチアウト。

レフトフライを打ったバッターに、併殺打は記録されません。

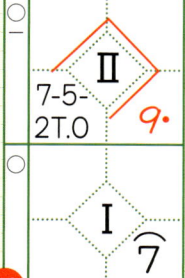

実戦ケース

トリプルプレー
トリプルプレーは「TP」と書いてカッコでくくる

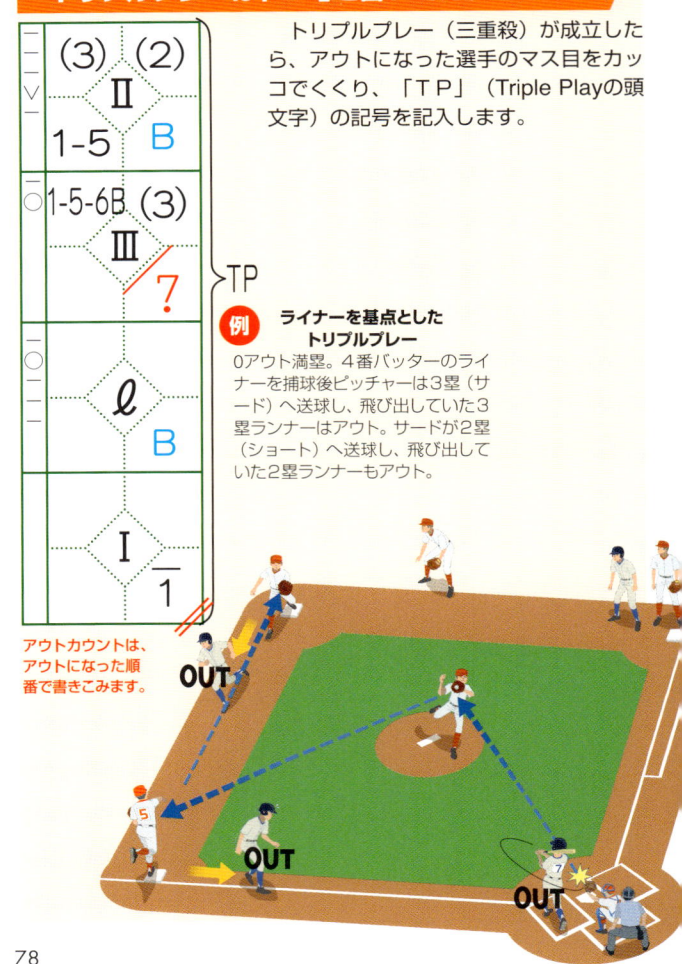

トリプルプレー（三重殺）が成立したら、アウトになった選手のマス目をカッコでくくり、「TP」（Triple Playの頭文字）の記号を記入します。

例 ライナーを基点としたトリプルプレー

0アウト満塁。4番バッターのライナーを捕球後ピッチャーは3塁（サード）へ送球し、飛び出していた3塁ランナーはアウト。サードが2塁（ショート）へ送球し、飛び出していた2塁ランナーもアウト。

アウトカウントは、アウトになった順番で書きこみます。

実戦ケース　ヒット＋走塁死
ヒットと走塁死がからんだとき

　ヒットとアウトが同時に記録されるのは、バッターランナーが次塁を狙い、タッチアウトになるケースです。進塁先でアウトになる場合と、オーバーランの後、元の塁へ戻ろうとしてアウトになる場合があります。

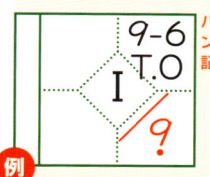

例 9-6 T.O / I / 9　バッターにはシングルヒットが記録。

ヒット＋2塁を狙ってアウト
バッターランナーはライトが打球処理をもたつく間に2塁を狙うが、ライトから2塁（ショート）への送球によって2塁タッチアウト。

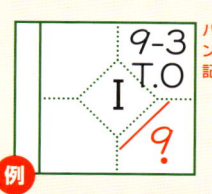

例 9-3 T.O / I / 9　バッターにはシングルヒットが記録。

ヒット＋帰塁でアウト
ライトが打球処理をもたつく間にいったん2塁を狙うも、無理だと判断して帰塁しようとしたが、ライトからファーストへの送球によって1塁タッチアウト。

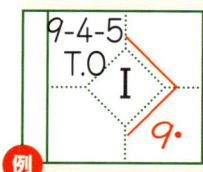

例 9-4-5 T.O / I / 9・　バッターには2塁打が記録。

2塁打＋3塁を狙ってアウト
ライト線を破るヒットを放ったバッターランナーが2塁を蹴って3塁を狙うが、ライトからセカンドの中継を経て3塁（サード）へ送球され、タッチアウト。

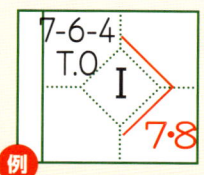

例 7-6-4 T.O / I / 7・8　バッターには2塁打が記録。

2塁打＋帰塁でアウト
左中間オーバーのヒットを放ち、2塁を回って3塁を狙おうとするが、レフトからショートへの送球を見てあわてて帰塁。ショートから2塁（セカンド）への送球でタッチアウト。

実戦ケース

ヒット+エラー
ヒットにエラーがからんだとき

　ヒットにエラーが関係して、ランナーが進塁するというケースです。記入のポイントは、ランナーが誰の打撃結果（あるいはエラー）によって進塁したのかを見極めることです。

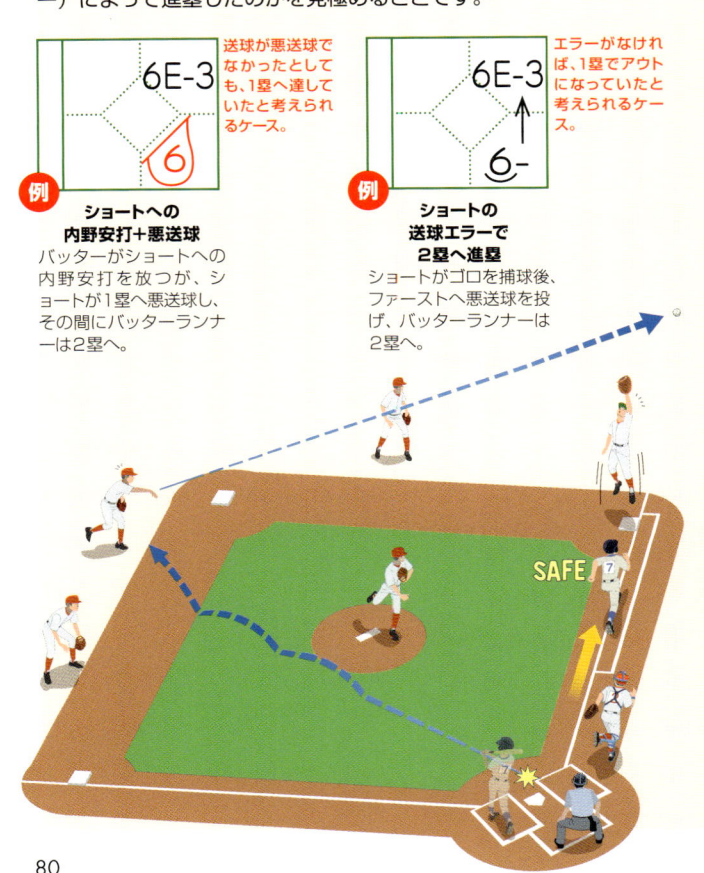

送球が悪送球でなかったとしても、1塁へ達していたと考えられるケース。

例
ショートへの内野安打+悪送球
バッターがショートへの内野安打を放つが、ショートが1塁へ悪送球し、その間にバッターランナーは2塁へ。

エラーがなければ、1塁でアウトになっていたと考えられるケース。

例
ショートの送球エラーで2塁へ進塁
ショートがゴロを捕球後、ファーストへ悪送球を投げ、バッターランナーは2塁へ。

80

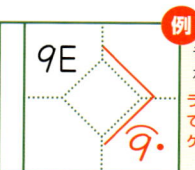

2塁打+ライトのエラー

ライト線への2塁打を放ち、ライトがフェンス際で打球処理を誤ったすきをついて、バッターランナーは3塁へ。

ライトが打球の処理を誤らなければ、3塁でアウトになっていただろうと考えられるケース。

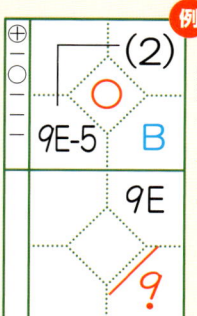

ヒット+ライトの悪送球で生還①

2番バッターのライト前ヒットによって、1塁ランナーは2塁を蹴って3塁へ。ライトから3塁（サード）への送球が悪送球となり、ランナーは一挙にホームイン。悪送球の間に、バッターランナーは2塁へ。

ライトの送球が悪送球にならなければ、1塁ランナーは3塁でタッチアウトになっていたと考えられるケース。

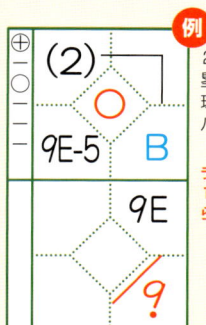

ヒット+ライトの悪送球で生還②

2番バッターのライト前ヒットによって、1塁ランナーは2塁を蹴って一挙に3塁へ。ライトから3塁（サード）への送球が悪送球となり、ランナーはホームイン。悪送球の間に、バッターランナーは2塁へ。

ライトの送球が悪送球にならなくても、1塁ランナーは3塁へ進塁できたと考えられるケース。

PART 2 応用実戦編

バッテリーによるミスの記入

ワイルドピッチ・パスボール・ボーク

ぼんやり見ていると記入に戸惑うことが多いワイルドピッチ（暴投）とパスボール（捕逸）ですが、ルール（野球規則）を正しく理解していれば、判断に迷うことはありません。審判が宣告するボークについても同じことがいえます。

ワイルドピッチの記入
進塁したランナーのマス目に「WP」と記入する

ワイルドピッチでランナーが進塁したら、ランナーのマス目に「WP」（Wild Pitchの頭文字）の記号を書き、どの投球がワイルドピッチになったかがわかるように、ボールカウントを赤の○で囲みます。

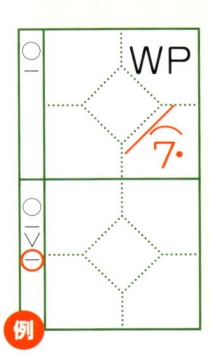

ワイルドピッチの間にランナーが進塁
4球目がワイルドピッチになり、1塁ランナーは2塁へ。

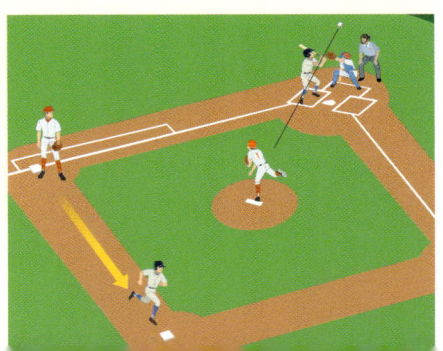

例

参考
投球がホームプレートに当たったら……

ピッチャーの投球がキャッチャーのミットに達する前に、ホームプレートや地面に当たった場合は、その後のボールの行方がキャッチャーの守備可能な範囲にあっても、ワイルドピッチとなります。ワイルドピッチとパスボールは、公認野球規則9.13によって明確に区別されています。

参考
ワイルドピッチ（暴投）とは？

ピッチャーの投球がコースを外れ、キャッチャーが処理しきれずに、ランナーの進塁を許してしまうプレーをワイルドピッチといいます。

［参考］ワイルドピッチが原因の振り逃げ ▶38ページ

パスボールの記入
マス目に「PB」と書き、ボールカウントを囲む

パスボールでランナーが進塁したら、ランナーのマス目に「PB」（Passed Ball の頭文字）の記号を書き、どの投球でパスボールになったかがわかるように、ボールカウントを赤の○で囲みます。

例 パスボールの間にランナーが進塁

2番バッターに投じられた3球目がパスボールに。そのすきをついて1塁ランナーは2塁へ。

スコアラーアドバイス！
パスボールはエラーとしてカウントしない

ピッチャーの投球が捕球可能なコースにありながら、キャッチャーが捕球できず、ランナーの進塁を許してしまうプレーのことをパスボール（捕逸）といいます。
記録の集計を行う際は、キャッチャーのエラー（キャッチャーの悪送球、フライの捕球ミスなど）とパスボール（スコアカードには「逸球」と記載）を別に扱います。パスボールはエラーとしてカウントしません。

［参考］パスボールが原因の振り逃げ ▶39ページ

ボークの記入
マス目に「BK」と書き、「>」を挟みこむ

　ボークが宣言されたら、ボールカウントの欄に赤で>の記号を記入し、ランナーのマス目に「BK」(Balkの略)の記号を書き入れます。
　ちなみに、敬遠のフォアボールのとき、キャッチャーはピッチャーの手からボールが離れるまでキャッチャースボックスの中にいなければいけません。もし、キャッチャーがボックスの外に出ていた状況で、ピッチャーが投球してしまうとボークとなります。こんなときは「※」をつけて欄外に記入しておくとよいでしょう。

例 ピッチャーのボークでランナーが進塁
ボールカウント1-2の場面で、ピッチャーがボーク。1塁ランナーは2塁へ。

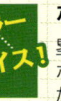

スコアラーアドバイス！ ボークが認められたらランナーが進塁する

　塁上にランナーがいるときのピッチャーの反則行為をボークといいます。プレートにふれているピッチャーが投球動作を途中で止めたときなどに適用されます。ボークが認められると、ボールデッド（試合が中止され、その間のプレーが無効になること）となり、塁上のランナーはそれぞれ一つずつ進塁が許されます。

PART 2 応用実戦編

野手選択の記入

フィルダースチョイス

フィルダースチョイス(野手選択)とは、打球を処理した野手がバッターランナーを1塁でアウトにする代わりに、先行ランナーをアウトにしようとして他の塁に送球し、結果的にすべてのランナーをセーフにしてしまうプレーのことをいいます。

フィルダースチョイスの記入
野手の守備番号の後に「FC」と記入する

フィルダースチョイスになった場合、野手の守備番号の後に「FC」(Fielder's Choiceの略記号)を記入。ヒットによる出塁ではないので「／」は引きませんが、得点が入った場合は打者に打点がつきます。

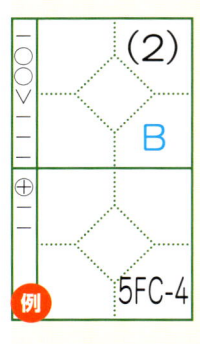

サードのフィルダースチョイスで出塁
0アウト、ランナー1塁。サードがゴロを捕球し2塁へ送球(2塁ベースカバーはセカンド)するが、セーフ。バッターランナーである2番バッターは1塁へ。

ショートのフィルダースチョイスで得点
1アウト、ランナー3塁。ショートがゴロを捕球し、本塁へ送球するが、3塁ランナーが生還。バッターランナーである2番バッターは1塁へ。

例: 5FC-4 / B / (2)

例: 6FC-2 / ② / 8·9

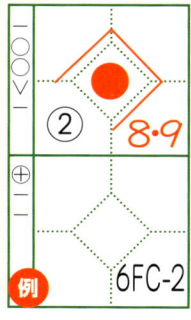

ショートのフィルダースチョイスで進塁・出塁を許す

1アウト、ランナー2塁。2番バッターが打ったピッチャーの頭上を越えた打球をショートが捕球し3塁へ送球するがセーフ。仮に、ショートが1塁に送球してもセーフになると判断された打球の場合には、バッターにヒットが記録されます。

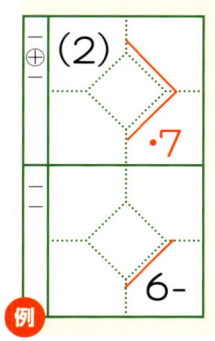

例 (2) •7 / 6−

ショートが1塁に送球したとしてもセーフになったと判断された場合は、バッターにヒットが記録されます。

例 (2) •7 / 6FC-5

ショートが1塁に送球していたら、バッターランナーがアウトになったと判断された場合は、フィルダースチョイスによる出塁となります。

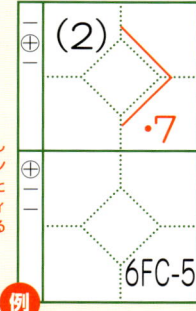

参考
フィルダースチョイスとは？

フィルダースチョイスは、ランナーがいる場面で、野手が先行ランナーを刺すために1塁に送球せず、結局一つのアウトも取れなかったときなどのプレー。原則としては、ランナーがいる場面で、打球を処理した野手が1塁でバッターランナーをアウトにできる状況にもかかわらず、他のランナーをアウトにしようと試みて、その結果オールセーフにしてしまったケースに適用されます。しかしながら、フィルダースチョイスの判断はベテランでも難しく、実際の試合でも、プレーの後に記録の訂正が行われることもあります。判断に迷ったときはとりあえず記入をしておき、試合後に審判員などに確認をとるといいでしょう。

〔参考〕野手無関心の盗塁 ▶58ページ

PART 2 応用実戦編

特殊ルールの記入①

守備側のアピールプレー

守備側の選手が審判に攻撃側の違反行為を指摘して、アウトを求める「アピールプレー」の記入の一例です。ここで紹介するケースはいずれも、野手が審判に動作や言葉でアピールすることで、ランナーをアウトにできます。

タッチアップで離塁が早かった

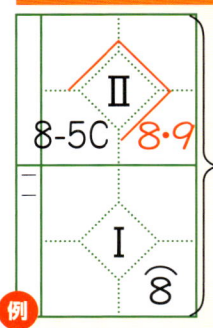

タッチアップ離塁失敗でダブルプレー

0アウト、ランナー3塁。タッチアップを狙った3塁ランナーの離塁が捕球よりも早かったとき。センターから送球を受けたサードが3塁ベースを踏んで審判にアピールし、認められてランナーがアウト。

例

3塁触塁を表すアルファベット記号「C」を記入します。得点が取り消されたことに関しては書く必要がありません。

バッターランナーがベースを踏み忘れた

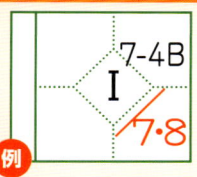

2塁ベースを踏まずにアウト
0アウト、ランナーなし。バッターランナーが2塁ベースを踏まずに3塁へ。守備側がそれに気づき、レフトからの送球を受けてセカンドが審判にアピールし、ボールを持って2塁に触塁。

例 7-4B / 7・8 / I

塁打は、最後に踏んだベースによって決まります。2塁ベースを踏まないでアピールアウトになった場合はシングルヒット、3塁ベースを踏まないでアピールアウトになった場合は2塁打となります。

先行ランナーがベースを踏み忘れた

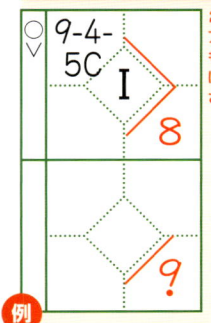

9-4-5C / I / 8 / 9

2塁ランナーがアウトになっても、バッターにはヒットが記録されます。

例 **ヒットが記録される場合**
0アウト、ランナー2塁。2塁ランナーは3塁ベースを踏まずに本塁へ。守備側がそれに気づき、サードがライトからの送球(セカンドが中継)を受けて審判にアピール。ボールを持って3塁に触塁。

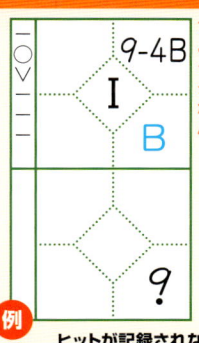

9-4B / I / B / 9

フォースアウトと同じ結果になったため、バッターにはヒットが記録されません。

例 **ヒットが記録されない場合**
0アウト、ランナー1塁。1塁ランナーは2塁ベースを踏まずに3塁へ。守備側がそれに気づき、ライトからの送球を受けたセカンドが審判にアピール。ボールを持って2塁に触塁。

PART 2 応用実戦編

特殊ルールの記入②

インフィールドフライと故意落球

安易なダブルプレーを防ぐための「インフィールドフライ」と「故意落球」は、ベテランといわれる選手も戸惑うことが多い規則の一つです。スコアカード上では、どちらも通常のフライアウトとして記入します。

インフィールドフライ
野手がフライを落としてもバッターアウト

　インフィールドフライとは、0アウトまたは1アウトの場面で、ランナーが1・2塁もしくは満塁のときに、バッターが内野フライを打ち上げた際に適用されるルールです。審判がインフィールドフライを宣告すると、たとえ野手がボールを落としても、その時点でバッターはアウトになります。
なお、インフィールドフライは、ライナーやバント失敗によるフライには適用されません。

インフィールドフライ

←1番

(3) (2)
/8

(3)
DB

6

I
6̂

通常のフライアウトで記入します。

（0アウト1・2塁）
4番バッターがショートフライ。審判が「インフィールドフライ」を宣告したため、バッターはその時点でアウト。

参考
インフィールドフライ・イフ・フェアとは？

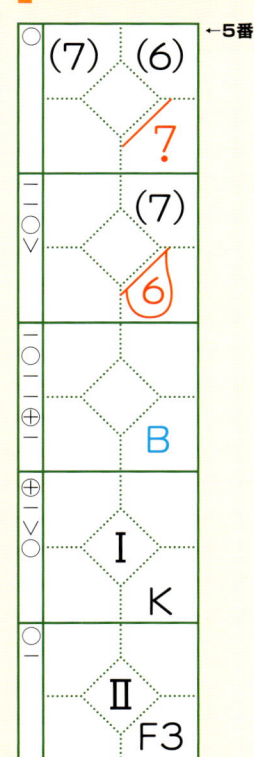

ファウルフライの場合、インフィールドフライは宣告されませんが、ファウルライン付近に上がった微妙なフライに対しては、もしもフェアならインフィールドフライという意味の「インフィールドフライ・イフ・フェア」が宣告されます。

インフィールドフライ・イフ・フェア

←5番

(7) (6)
/7

(7)
6

B

I
K

II
F3

（1アウト満塁）
9番バッターがファースト側のファウルライン付近に内野フライ。審判が「インフィールドフライ・イフ・フェア」を宣告。ファーストがファウル地域で捕球（2アウト満塁）。

故意落球
フライをわざと落球してもバッターアウト

　審判によって故意落球が宣告されると、バッターはアウトになり、ランナーは元の塁へ戻されます。

　故意落球が宣告されるのは、0アウトまたは1アウトの場面で、ランナーが1塁、1・2塁、1・3塁、もしくは満塁のときです。ただし、打球がワンバウンドになるのを待って捕球した場合は、故意落球にはなりません。

　なお、スコアカード上では、故意落球はとくに明記せず、たんなるフライアウトまたはライナーアウトとして記入します。

■ 故意落球

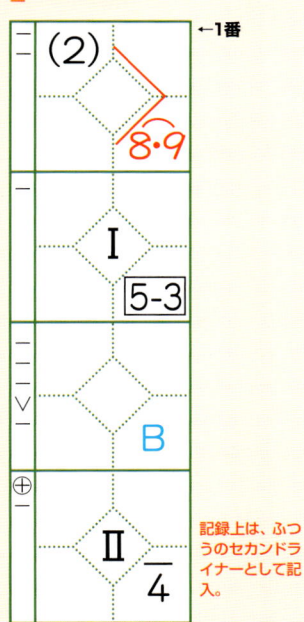

← 1番

(2) 　/
　◇
　　8・9

　I
　5-3

　◇
　B

⊕
　II
　/4

（1アウト1・3塁）
4番バッターがセカンドへのライナーを放つが、セカンドがグラブに当ててからわざと落球。すぐさまボールを拾って4−6−3のダブルプレーを狙うが、審判が「故意落球」を宣告。4番バッターはアウト（2アウト1・3塁）。

記録上は、ふつうのセカンドライナーとして記入。

■ 故意落球にならない

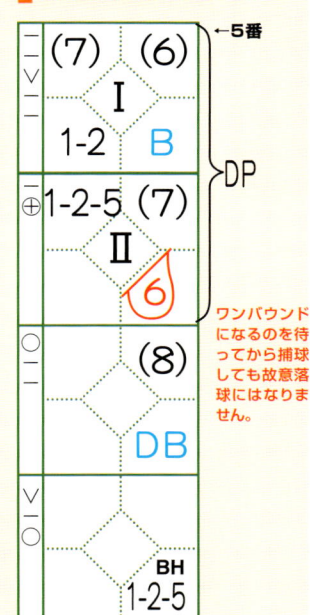

← 5番

(7)　(6)
　　I
　1-2　B

⊕1-2-5　(7)
　　II
　　6

○
　　(8)
　　DB

∨/○
　　BH
　1-2-5

} DP

ワンバウンドになるのを待ってから捕球しても故意落球にはなりません。

（0アウト満塁）
8番バッターが送りバントを試みるが、打球はピッチャーへの小飛球となり、ピッチャーはボールがワンバウンドするのを待ってから捕球。1-2-5のダブルプレーを完成（2アウト1・2塁）。

PART 2　スコアカードへの記入　応用実戦編

93

PART 2 応用実戦編

実戦的ケースの記入

プレーの
レアケース

スコアカード記入の基本を理解したつもりでも、実際の試合では、予想もしないことが起こり、記入のしかたに戸惑う場面があるものです。ここではそんないくつかの事例を紹介します。また、記入のしかたに迷ったら、スコアカードの欄外などにメモを残しておき、後で経験者に聞くなどして対処しましょう。

隠し球
隠し球でランナーがアウトになったとき

　隠し球を仕掛ける守備側のチームは、相手チームに味方の野手がボールを持っていることを見破られてはなりませんが、ピッチャーがプレートをまたいだり、キャッチャーとサインの交換をするなどして偽装するとボークになります。

　隠し球が成功したら、スコアカードには、通常のタッチアウトと同じように記入します。なお、ランナーをタッチした野手に刺殺が記録されますが、補殺はつきません。

他のタッチプレーと区別するため、「※隠し球」と書きそえます。

※隠し球
9-6-5
T.O
I
9

例

ライトオーバーの3塁打を放って出塁。ライトからショートの中継を経て送球を受けとったサードが、ベースを離れたランナーをタッチしてアウト。

OUT

打撃妨害
野手の守備番号の後に「IF」と記入する

打撃妨害とは、守備側が打撃を妨害したときに、バッターに1塁への進塁が与えられるルールです。 たとえば、キャッチャーがバッターのカラダやバットに触れることで起こり、スコアカード上では、野手の守備番号の後に「IF」（Interferenceの略記号）を記入します。打数には数えられず、キャッチャーに失策が記録されます。

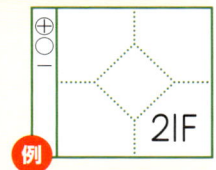

例　2IF

キャッチャーの打撃妨害で1塁に出塁
投球に対してバッターが振り出したバットにキャッチャーミットが接触。妨害した野手の守備番号に「IF」をつけます。

守備妨害
「IP」と野手の守備番号を書く

守備妨害とは、攻撃側が守備を妨害したときに、守備側に1アウトが与えられるルールです。 ランナーによる守備妨害があった場合は、妨害があった場所を示すマス目に、Illegal Playの頭文字を並べた「IP」の記号と、守備機会を奪われた野手の守備番号を書き入れます。なお、ランナーの走塁よりも、打球に対する守備のほうが優先されるということもおぼえておきましょう。

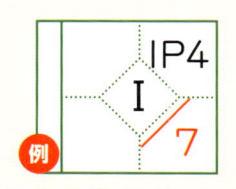

例
IP4
I
／7

ランナーが野手に接触した
1塁ランナーがセカンドと接触して守備妨害。

刺殺が記録される、もっとも近い野手の守備番号を記入。

例
I
2 IP

バッターランナーに打球が当たった
転がった打球を、バッターランナーが蹴ってしまったとき。

ランナー追い越し
「IP」と刺殺を表す記号を書く

前のランナーを追い越した場合は、そのランナーは自動的にアウトになります。たとえば1・2塁間で追い越しがあった場合は、右上のマス目に「IP」の記号と、ファーストの刺殺を表す「3A」を記入します。

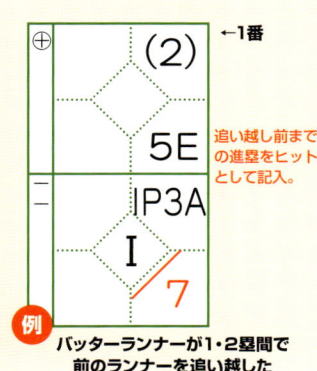

←1番

(2)

5E — 追い越し前までの進塁をヒットとして記入。

IP3A

I

7

例 バッターランナーが1・2塁間で前のランナーを追い越した

走塁妨害
「OB」と野手の守備番号を書く

走塁妨害とは、守備側がランナーの走塁を妨害したときに、進塁が与えられるルールです。 ボールを持たない野手が、ランナーの走塁コースに立って邪魔をしたときなどに宣告され、スコアカード上では、ランナーのマス目に「OB」(Obstructionの略記号)の記号と、妨害した野手の守備番号を記入します。

OB5

7

例 サードの走塁妨害で3塁に進塁

走塁妨害によって、2塁ランナーが3塁に進塁。サードには失策が記録。

打順一巡の猛攻
バッターの打順が一巡したとき

攻撃するチームの猛攻によって、打順がイニング内で一巡する場合もあります。そんなときは、隣のイニング数を二重線で訂正して対応しましょう。また延長12回を超える熱戦になった場合（一般のスコアカードの多くは、12回までイニングが記入できるようになっています）、次のページのイニング数を訂正し、書き足していくようにします。

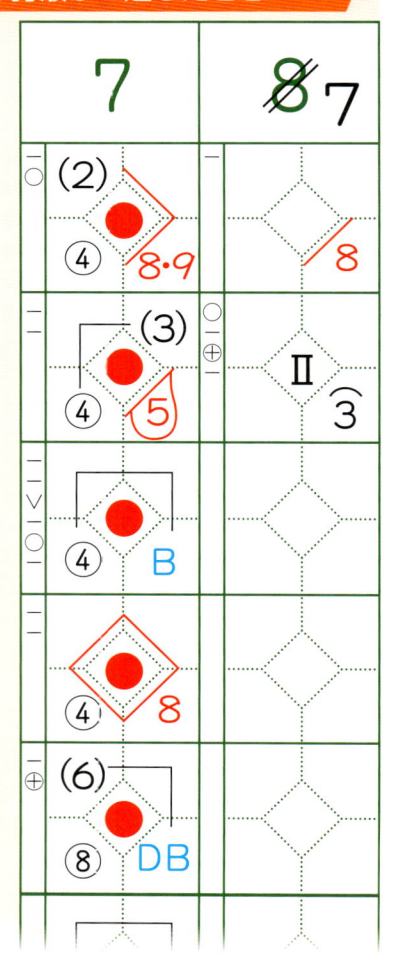

打順間違い
打順の間違いが指摘されたとき

打順間違いが指摘されたときは、バッターが打席中か打撃後なのかによってその後の対応が変わってきます。

打席中なら、正しい打順のバッターがそれまでのボールカウントを引き継いで打席に立ちますが、バッターがすでに打撃を終えてしまっているときは、その打撃結果が無効となり、ランナーは元の塁へ戻されます。そして、本来の正しい打順のバッターがアウトになり、続けて正しい打順の次のバッターが打席に入ります。

ただし、バッターが打撃を終え、次のバッターに対する投球が始まっている場合は、打順間違いのアピールが認められません。

打撃の途中で間違いを指摘されたとき

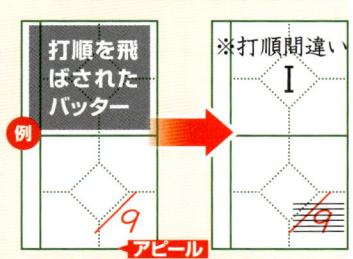

打撃を終えてから間違いを指摘されたとき

※打順間違い

そのままの打順で攻撃が続けられるとき
4番バッターへの1球が投じられた後に指摘があったが、すでに投球されているのでそのアピールは無効。そのまま攻撃が続けられます。

※打順間違い

PART 2 スコアカードへの記入 応用実戦編

サヨナラ
ランナーがサヨナラのホームを踏んだとき

　サヨナラヒットは、得点したランナーの進塁数と同じ数の塁打がバッターのヒットとして記録されます（ただし塁に触れることは必要）[公認野球規則9.06(f)]。

　たとえば、3塁にいたランナーがサヨナラのホームを踏んだ場合は単打、2塁にランナーがいて生還した場合は2塁打となります（ランナー3塁の場面でバッターがエンタイトルツーベースを打った場合でも単打扱いです）。

　また、1塁ランナーが盗塁を試みたときに、バッターが長打を放って生還した場合でも3塁打が記録されます。ただし、ホームランの場合は、ランナーとバッターランナーの得点が記録されます。

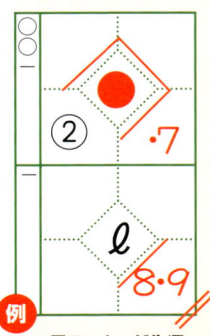

例
3塁ランナーが生還
（ランナー3塁）
サヨナラヒット＝シングルヒット。

通常の場面であればバッターランナーが2塁に達する当たりですが、3塁ランナーがホームインしたため、2番バッターのサヨナラヒットはシングルヒットになります。

例
1塁ランナーが生還
（ランナー1塁）
サヨナラヒット＝3塁打。

たとえ1塁ランナーが盗塁を試みて2塁ベース付近まで到達していたとしても、2番バッターのヒットによってサヨナラのホームを踏んだ場合、バッターには3塁打が記録されます。

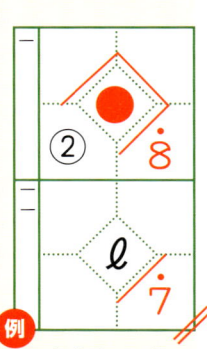

例
エンタイトルツーベースで3塁ランナーが生還するも……
（ランナー3塁）
サヨナラヒット＝シングルヒット。

2番バッターがレフトへワンバウンドでフェンスを越えるヒット。通常はエンタイトルツーベースですが、記録は単打扱いです。

PART 3
歴史的名勝負の
スコアカード

第88回全国高校野球選手権大会決勝（再試合）
駒大苫小牧高校vs早稲田実業高校（2006年8月21日）
中京商業以来、73年ぶり史上2校目の夏の甲子園3連覇に挑む南北海道代表・駒大苫小牧高校と26年ぶりに決勝まで勝ち進み、初優勝を狙う西東京代表・早稲田実業高校の対戦になった決勝戦。前日、延長15回を戦うも両者譲らず1－1の引き分けに終わり、再試合も最後の最後までどちらが勝つかわからない展開となりました。今も多くの野球ファンに語り継がれる、記憶に残る一戦です。

2009年 ワールドシリーズ第6戦
ニューヨーク・ヤンキースvsフィラデルフィア・フィリーズ（2009年11月4日）
6年ぶり27回目のチャンピオンを目指すニューヨーク・ヤンキースと2年連続3回目のフィラデルフィア・フィリーズの顔合わせとなった2009年のワールドシリーズ。ヤンキース3勝2敗で迎えた第6戦は、第3戦で勝利投手となったアンディ・ペティット（ヤ）と第2戦で好投しながらも敗戦投手となったペドロ・マルチネス（フ）の投げ合いで始まりました。

2013年 日本シリーズ第7戦
東北楽天ゴールデンイーグルスvs読売ジャイアンツ（2013年11月3日）
創設9年目にして初の日本一制覇がかかった東北楽天ゴールデンイーグルスと40年ぶりに日本シリーズ連覇に挑む読売ジャイアンツが、3勝3敗で迎えた日本シリーズ第7戦。両チームの先発ピッチャーは第3戦と同じく、楽天・美馬、読売・杉内。息詰まる3時間15分におよんだ熱戦は、両チーム総力をあげての試合となりました。

注）ここに紹介するスコアカードは、本書が独自に記録したものであるため、公式記録と判断が異なる部分があります。

2006年 8月 21日	試合開始 13時 02分	球場状態	
決勝（再試合）	試合終了 18時 35分	天候・風向	駒大苫
〔球場〕 甲子園球場	所要時間 5時間33分	観　衆 50,000	

駒大苫小牧（先攻）

打順	シート	選手	背番号	1	2	3	4	5	6
1	5	三谷	5	I 6-3			I ⑨		●
2	6	三木	6	II ⑦			II 3-1A		I F
3	3	中沢	3	III SK		ℓ/⑨			II 4-
4	8	本間篤	8		I K		III ⑥		III S
5	7	岡川	7		II 4-3			6-4 I /⑦	
6	1 / 1	菊地 / 田中(2〜)	11 / 1		III K			ℓ(⑧) 6-	
7	9 / PH9	鷲谷 / 渡辺	9 / 18			I 3A		II SK	
8	4	山口	4			II SK		ℓ/⑧	
9	2 / PH / 2	小林 / 岡田 / 及川(9〜)	2 / 13 / 12			III SK	III SK	III SK	

合計	安打	四死球	失策	安 四 失	安 四 失	安 四 失	安 四 失	安 四 失	安 四 失
				0 0 0	0 0 0	0 0 0	1 0 0	2 0 0	1 0 0
	得点			0	0	0	0	0	1
	投球数			9	11・20	15・35	9・44	19・63	12・75

投手	氏名	勝負	セーブ	投球回数	打者	打数	投球数	安打	本塁打	犠打	犠飛	四球
先発	菊地	●		0 2/3	5	3	22	2	0	0	0	2
2	田中			7 1/3	29	24	84	4	0	2	0	2
3				/3								
4				/3								
5				/3								
6				/3								

	主審	赤井		線審	左		放送者	
牧 対 早稲田実業	塁審	①長谷川 ②日野 ③小山		審	右		記録者	

7	8	9	10	11	12	打席数	打数	安打 単打	二塁打	三塁打	本塁打	打点	得点	塁打数	盗塁	盗塁刺	犠打	犠飛	四死球	三振	残塁
	III SK					4	4	1	0	0	0	1	4	1	0	0	0	0	0	1	0
		③ 7				4	4	1	1	0	0	0	1	0	0	0	0	0	0	0	0
		● 8				4	4	1	1	0	0	1	5	2	0	0	0	0	0	1	1
		I SK				4	4	0	0	0	0	0	0	0	0	0	0	0	0	3	0
I 3-1A		II 4				4	4	0	1	0	0	0	0	1	0	0	0	0	0	0	0
II SK		III				0	0	0	0	0	0	0	0	0	0	0	0	0	0	0	0
						4	4	0	0	0	0	0	0	0	0	0	0	0	0	3	1
III 5-3						2	2	0	0	0	0	0	0	0	0	0	0	0	1	0	
						1	1	0	0	0	0	0	0	0	0	0	0	0	0	0	0
	I 8					3	3	0	1	0	0	0	1	0	0	0	0	0	0	1	1
	PH 周田 II SK					2	2	0	0	0	0	0	0	0	0	0	0	0	2	0	
						1	1	0	0	0	0	0	0	0	0	0	0	0	0	1	0
四 失 0	安 失 0	四 0	失	安 0	失	四 2	失 0	安 0	四	失	安	四	失								
0		0			2																
3・88	11・99	19・118																			

	三振	暴投	ボーク	失点	自責点
	0	0	0	1	1
	4	0	0	3	3

捕手	氏名	逸球	打撃妨害	許盗塁	盗塁刺
	小林	0	0	0	1
	及川	0	0	0	0

長打	氏名	二塁打	三塁打	本塁打
				三谷、中沢

チーム名	（監督名）	1	2	3	4	5	6	7	8	9	10	11
駒大苫小牧	香田	0	0	0	0	0	1	0	0	2		
早稲田実業	和泉	1	1	0	0	0	1	1	0	×		

投手	氏名	勝負	セーブ	投球回数	打者	打数	投球数	安打	本塁打	犠打	犠飛	四球
先発	斎藤	○		9 /3	33	33	118	6	2	0	0	0

合計	記事
3	
4	

No.

7	8	9	10	11	12	打席数	打数	得点	安打 単打 二塁打 三塁打 本塁打	塁打数	打点	盗塁	盗塁刺	犠打	犠飛	四死球	三振	残塁
④(2) DB						4	2	1	0 1 0 0	2	1	0	0	0	0	2	0	1
L 3-1A						4	3	1	1 0 0 0	1	0	0	0	1	0	0	1	0
II ⑦						4	3	0	0 0 0 0	0	0	0	0	0	0	0	1	0
7-5T0 III ⑦						4	4	0	1 0 0 0	1	1	0	0	0	0	0	1	1
I SK						4	4	0	1 0 0 0	1	1	0	0	0	0	0	1	1
II ⑧						4	4	0	0 0 0 0	0	0	0	0	0	0	0	0	0
III 4-3						4	2	2	0 0 0 0	0	0	0	0	0	0	0	0	0
						3	2	0	1 1 0 0	3	1	0	0	1	0	2	0	2
						3	3	0	0 0 0 0	0	0	0	0	0	0	0	1	1

安	四	失	安	四	失	安	四	失	安	四	失	安	四	失	安	四	失
1	1	0	0	0	0												
			0														
			0														

1・93 13・106

三振	暴投	ボーク	失点	自責点
13	0	0	3	3

捕手	氏名	逸球	打撃妨害	許盗塁	盗塁刺
	白川	0	0	0	0

長打	氏名	二塁打	三塁打	本塁打
		川西、白川		

1回表 先頭打者 ❶三谷

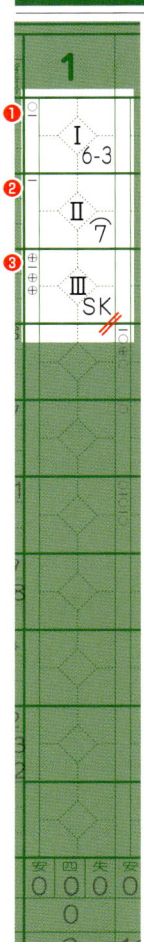

早稲田実の先発ピッチャーは、斎藤
❶三谷、ショートゴロ。ショートが1塁へ送球しアウト。
（1死）
❷三木、レフトフライ。
（2死）
❸中沢、空振り三振で3アウトチェンジ。

【POINT】 上々の滑り出しを見せた、先発ピッチャーの斎藤。スコアカードのマス目を数えれば、3人で攻撃が終了したことが一目瞭然です。

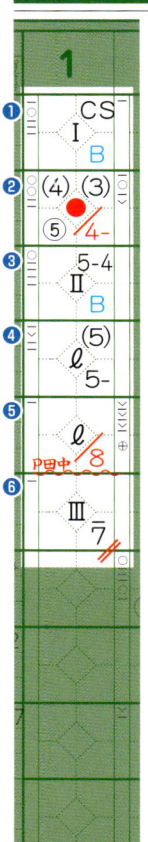

1回裏 先頭打者 ❶川西

駒大苫小牧の先発ピッチャーは、菊地
❶川西、フォアボールで出塁。
（0死1塁）
❷1塁ランナーの川西が盗塁失敗で1アウト。
（1死）
小柳、セカンドへの内野安打で出塁。
（1死1塁）
❸桧垣、フォアボールで出塁。
（1死1・2塁）
❹後藤、サードゴロ。サードが2塁へ送球し、1塁ランナーの桧垣がアウト。
（2死1・3塁）
❺船橋、センター前ヒットで出塁。3塁ランナーの小柳がホームイン。1塁ランナーの後藤は2塁へ。船橋に打点1が記録。

【選手交代】
駒大苫小牧、ピッチャーが菊地から田中に交代。
（2死1・2塁）
❻斎藤、レフトフライで3アウトチェンジ。

【POINT】 先頭の川西が四球で出塁するも盗塁死。盗塁失敗は、ランナーのマス目に「CS」の記号を書き入れます。詳しくは57ページ参照のこと。

2回表 先頭打者 ❹本間篤

❹本間篤、見逃し三振。
（1死）
❺岡川、セカンドゴロ。セカンドが1塁へ送球しアウト。
（2死）
❻田中、見逃し三振で3アウトチェンジ。

【POINT】 ここでは、見逃し三振を「K」、空振り三振を「SK」と表記しています。詳しくは36ページ参照のこと。

2回裏 先頭打者 ❼内藤

❼内藤がフォアボールで出塁。
（無死1塁）
❽白川、送りバント。ピッチャーが1塁へ送球し、バッターランナーはアウト。送りバント成功で犠打が記録。
（1死2塁）
❾佐々木、ショートゴロ。ショートが1塁へ送球しアウト。
（2死2塁）
❶川西、レフト線への2塁打で出塁。2塁打の内藤がホームイン。川西に打点1が記録。
（2死2塁）
❷小柳、センターフライで3アウトチェンジ。

【POINT】（ ）内の数字は、打席番号。これを見れば、ランナーが誰の打撃によって進塁できたかがわかります。打点がついた場合は、打席番号の数字を○で囲みます。

PART 3 歴史的名勝負のスコアカード ▼ 駒大苫小牧高校 vs 早稲田実業高校

3回表　先頭打者　❼鷲谷

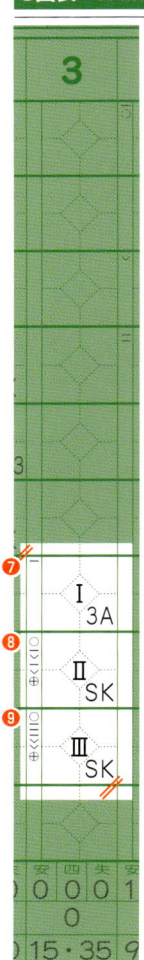

❼鷲谷、ファーストゴロ。ファーストがみずから1塁ベースを踏んでアウト。
（1死）
❽山口、空振り三振。
（2死）
❾小林、空振り三振で3アウトチェンジ。

【POINT】ゴロを捕球したファーストが、1塁ベースカバーに入ったピッチャーに送球してアウトにした場合は、「3－1A」と記入します。

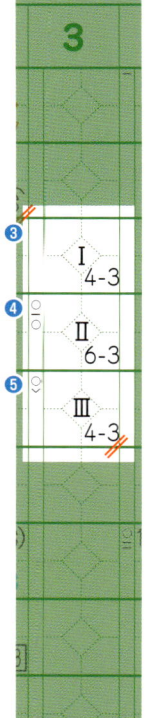

3回裏　先頭打者　❸桧垣

❸桧垣、セカンドゴロ。セカンドが1塁へ送球しアウト。
（1死）
❹後藤、ショートゴロ。ショートが1塁へ送球しアウト。
（2死）
❺船橋、セカンドゴロ。セカンドが1塁へ送球し3アウトチェンジ。

【POINT】ゴロの場合は、守備番号の下に「〜」を書き入れる場合もありますが、1塁への送球を示していればゴロであることがわかるので省略できます。

4回表　先頭打者　❶三谷

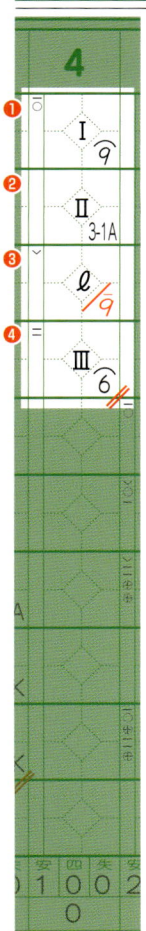

❶ 三谷、ライトフライ。
（1死）
❷ 中沢、ファーストゴロ。ファーストが1塁のベースカバーに入ったピッチャーへ送球し、アウト。
（2死）
❸ 中沢、ライト方向への強襲ヒットで出塁。
（2死1塁）
❹ 本間篤、ショートフライで3アウトチェンジ。

【POINT】 駒大苫小牧に初ヒットが出るが、後が続かず1塁ランナーは残塁。マス目の真ん中に、残塁を意味する「ℓ」を記入します。

4回裏　先頭打者　❻斎藤

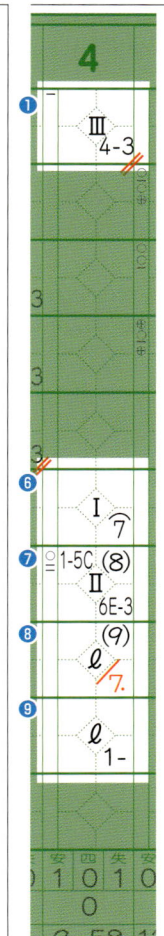

❻ 斎藤、レフトフライ。
（1死）
❼ 内藤、ショートゴロ。ショートが1塁へ悪送球し、出塁。
（1死1塁）
❽ 白川、レフト前ヒットで出塁。1塁ランナーの内藤は2塁へ進塁。
（1死1・2塁）
❾ 佐々木、ピッチャーゴロ。ピッチャーが3塁へ送球し、2塁ランナーはフォースアウト。その間、バッターランナーは1塁へ出塁。
❶ （2死1・2塁）
川西、セカンドゴロ。セカンドが1塁へ送球し、3アウトチェンジ。

【POINT】「E」は、エラーをした野手の後に記入。したがって、ショートの1塁への悪送球は「6E-3」となります。詳しくは43ページ参照のこと。

5回表　先頭打者　❺岡川

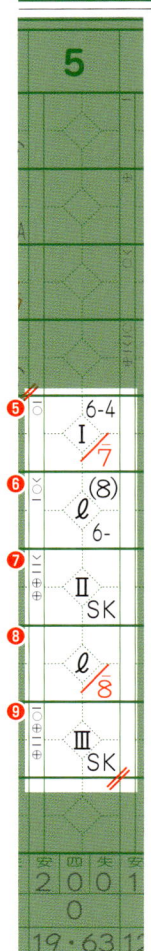

❺岡川、レフト方向への強襲ヒットで出塁。
（無死1塁）

❻田中、ショートゴロ。ショートが2塁ベースカバーに入ったセカンドへ送球し、1塁ランナーはアウト。その間、バッターランナーは1塁へ出塁。
（無死1塁）

❼鷲谷、空振り三振。
（2死1塁）

❽山口、センター方向への強襲ヒットで出塁。1塁ランナーの田中は2塁へ。
（2死1・2塁）

❾小林、空振り三振で3アウトチェンジ。

【POINT】打球の種類はさまざまな方法で示すことができますが、ここでは野手番号の上に「ー」をつけて、ライナー性の強い打球であったと記しています。

5回裏　先頭打者　❷小柳

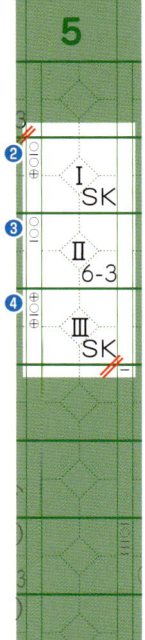

❷小柳、空振り三振。
（1死）

❸桧垣、ショートゴロ。ショートが1塁へ送球しアウト。
（2死）

❹後藤、空振り三振で3アウトチェンジ。

【POINT】2番から始まる好打順でしたが、調子を上げた田中の投球によって3人で攻撃が終了。3者凡退は、マス目が3つ並んでいることによってひと目でわかります。

6回表　先頭打者　❶三谷

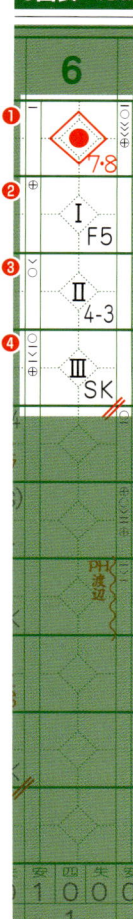

❶三谷、左中間方向へのソロホームラン。打点1が記録。
❷三木、サードへのファウルフライでアウト。（1死）
❸中沢、セカンドゴロ。セカンドが1塁へ送球しアウト。（2死）
❹本間篤、空振り三振で3アウトチェンジ。

【POINT】ファウルフライでアウトになった場合は、捕球した野手の守備番号の前に「F」（または「FF」）をつけます。

6回裏　先頭打者　❺船橋

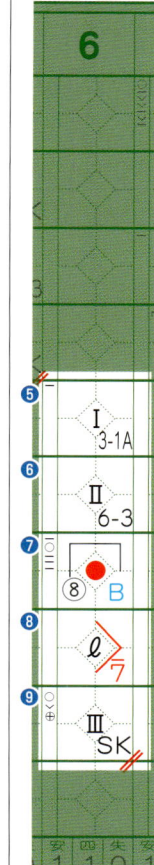

❺船橋、ファーストゴロ。ファーストが1塁のベースカバーに入ったピッチャーへ送球し、アウト。（1死）
❻斎藤、ショートゴロ。ショートが1塁へ送球しアウト。（2死）
❼内藤、フォアボールで出塁。（2死1塁）
❽白川、レフトフェンス直撃の2塁打で出塁。1塁ランナーの内藤はホームイン。白川に打点1が記録。（2死2塁）
❾佐々木、空振り三振で3アウトチェンジ。

【POINT】ランナーが生還した場合は、打点を記録したバッターの打席番号を○で囲みます。打点が記録されない得点の場合は、（　）でくくります。

PART3　歴史的名勝負のスコアカード ▼ 駒大苫小牧高校 vs 早稲田実業高校

111

7回表　先頭打者　❺岡川

❺岡川、ファーストゴロ。ファーストが1塁のベースカバーに入ったピッチャーへ送球し、アウト。
（1死）
❻田中、空振り三振。
【選手交代】
駒大苫小牧、鷲谷に代わって渡辺が打席に立つ。
（2死）
❼代打の渡辺、サードゴロ。サードが1塁へ送球し、3アウトチェンジ。

【POINT】代打が出場したら、マス目の左側に波線を引き、縦書きで出場した選手の名前を記入します。詳しくは20ページを参照のこと。

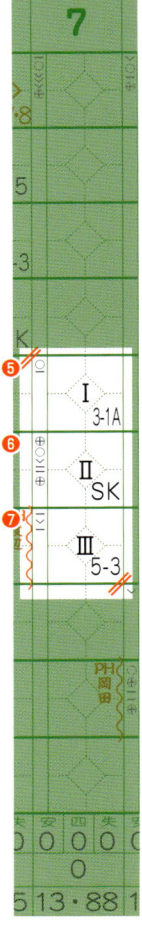

7回裏　先頭打者　❶川西

❶川西、デッドボールで出塁。
（0死1塁）
❷小柳、送りバント。ファーストが1塁のベースカバーに入ったピッチャーへ送球し、バッターランナーはアウト。1塁ランナーの川西は2塁へ。小柳に犠打が記録。
（1死2塁）
❸桧垣、レフトフライ。
（2死2塁）
❹後藤、レフト方向へのヒットで出塁。2塁ランナーがホームイン。後藤に打点1が記録。バッターランナーの後藤は、3塁タッチアウトで3アウトチェンジ。

【POINT】ランナーがタッチアウトされた場合は、守備番号をハイフンでつないで送球の順番を示し、タッグアウト（Tug Out）の頭文字「T.O」の記号を書き入れます。

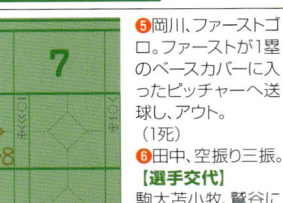

8回表 先頭打者 ❽山口

❽山口、センターフライ。
【選手交代】
駒大苫小牧、小林に代わって岡田が打席に立つ。
(1死)
❾岡田、空振り三振。
(2死)
❶三谷、空振り三振で3アウトチェンジ。

【POINT】 空振り三振は「SK」、見逃し三振は「K」と記入。第3ストライクのボールカウントは記入しなくてもかまいません。

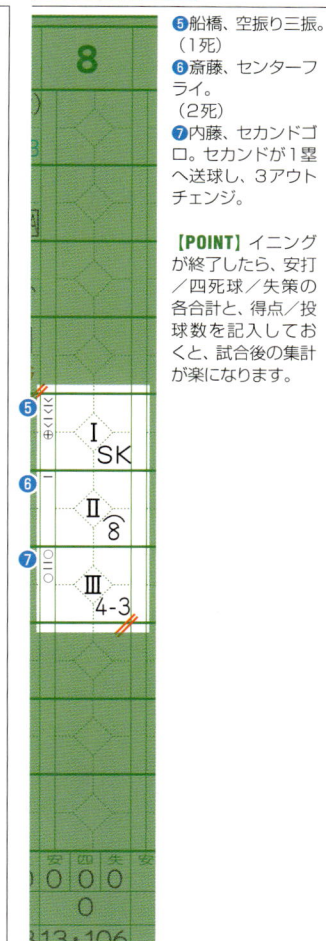

8回裏 先頭打者 ❺船橋

❺船橋、空振り三振。
(1死)
❻斎藤、センターフライ。
(2死)
❼内藤、セカンドゴロ。セカンドが1塁へ送球し、3アウトチェンジ。

【POINT】 イニングが終了したら、安打／四死球／失策の各合計と、得点／投球数を記入しておくと、試合後の集計が楽になります。

PART 3 歴史的名勝負のスコアカード ▼ 駒大苫小牧高校 vs 早稲田実業高校

9回表　先頭打者　❷三木

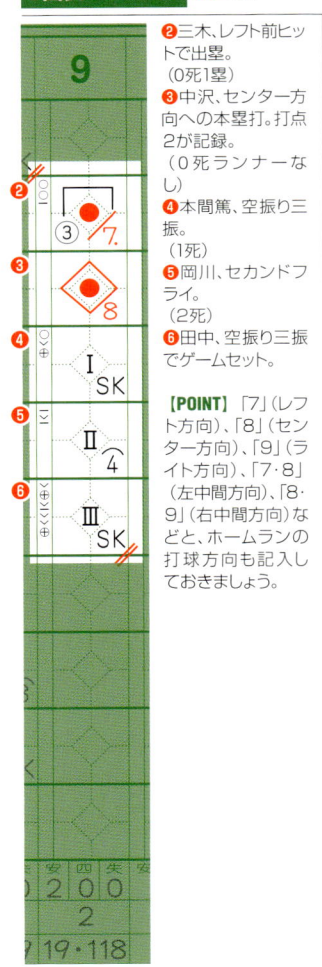

❷三木、レフト前ヒットで出塁。
（0死1塁）

❸中沢、センター方向への本塁打。打点2が記録。
（0死ランナーなし）

❹本間篤、空振り三振。
（1死）

❺岡川、セカンドフライ。
（2死）

❻田中、空振り三振でゲームセット。

【POINT】「7」（レフト方向）、「8」（センター方向）、「9」（ライト方向）、「7・8」（左中間方向）、「8・9」（右中間方向）などと、ホームランの打球方向も記入しておきましょう。

C O L U M N

スコアラーとしての心構え①

まずはルールブックと友達になることを目指そう

よいスコアラーになるための第一歩として心掛けておきたいのは、日ごろからルールブックに目を通しておくことです。そして、実際にスコアをつけるときにも、携帯用のルールブックを持ち歩き、試合後もルールブックを見てルールの確認、復習をすることが重要になります。

また、試合中は冷静にゲームを見ることが大切です。とくに高校野球はゲームの進行が早いため、戸惑っていると記入が追いつかなくなる場合も少なくありません。そういった状況では、とりあえず自分なりに記入し、疑問点はメモに残すなどして対応します。そのとき、あらかじめいろいろな色の付箋を用意しておき、たとえば赤の付箋は自責点や打点がつくかつかないかのケース、緑はオブストラクションや難解なケース、黄色はルール関係などに分けて書き入れ、試合後にその項目にあったルールブックのページに張り付ける工夫をするとよいでしょう（そうすればルールブックの探し出しもスムーズに行えます）。

ルールがわかれば、それだけ試合も冷静に見ることができるようになり、余裕を持ってスコアカードをつけることもできます。まずはルールブックと友達になることを目指してください。

2009年 11月 4日 ワールドシリーズ第6戦

[球場] ヤンキースタジアム

試合開始 19時57分　試合終了 23時49分　所要時間 3時間52分
球場状態　天候・風向　観衆 50,315

ヤンキ...

打順	守備	選手	背番号	1	2	3	4	5	6
1	6	両 ロリンズ	11	I 6-3	II ⑨			III 5-4-3	DP
2	8	両 ビクトリーノ	8	II ① 4-6		III ⑨			I
3	4	左 アトリー	26	III 4-6-3	↓DP	I SK		④	
4	3	左 ハワード	6		I 3A		II 4		●
5	9	右 ワース	28		ℓ WP B		PB ℓ B		II
6	DH	左 イバネス	29		II ⑨		ℓ		ﾋﾟﾝﾁﾋｯﾀｰ
7	5	右 フェリス	7		III F2		III 5-3		III
8	7 左	右 フランシスコ ステアーズ	10 12			I 5-3	I K		
9	2	右 ルイーズ	51			① ● 8	II 5-4 B	DP	

合計
	安打	犠飛 死球	失策	安	四	失	安	四	失	安	四	失	安	四	失	安	四	失	安	四	失
				1	0	0	0	1	0	1	0	0	0	2	0	0	1	0	2	1	
得点				0			0			1			0			0					
投球数				8			16·24			13·37			25·62			13·75			19·94		

		氏名	勝負	セーブ	投球回数	打者	打数	投球数	安打	本塁打	犠打	犠飛	四球
投手	先発	マルチネス	●		4	/3	18	15	76	3	1	0	0	2
	2	ダービン			0	1/3	4	2	15	2	0	1	0	1
	3	ハップ			1	1/3	5	4	28	1	0	0	0	0
	4	パク			0	2/3	4	4	17	1	0	0	0	0
	5	アイル			1	1/3	5	4	21	0	0	0	0	1
	6	マッドソン			0	1/3	2	2	4	1	0	0	0	0

ス 対 フィリーズ	主審	ウエスト	線審	左 エベリット	放送者
	塁審	① デイビス ② ネルソン ③ ゴーマン		右 デミューズ	記録者

7	8	9	10	11	12	打席数	打数	得点	単打	二塁打	三塁打	本塁打	塁打数	得点打	盗塁	盗塁刺	犠打	犠飛	四死球	三振	残塁
S ℓ 4-		II 9				5	4	0	0	0	0	0	0	1	1	0	0	1	0	0	1
ℓ B (交代: マート)		III 4-3				5	4	0	1	0	0	0	1	0	0	0	0	0	1	0	1
III SK						4	3	1	0	0	0	0	0	0	0	0	0	0	0	1	0
	I SK (交代: Pリベラ)					4	4	1	0	0	0	1	4	2	0	0	0	0	0	1	0
	II SK					4	2	0	0	0	0	0	0	0	0	0	0	0	2	2	2
	ℓ 8					4	3	0	0	2	0	0	4	0	0	0	0	0	1	0	3
	III F2					4	4	0	0	0	0	0	0	0	0	0	0	0	0	0	0
I SK	(交代: PH スティアーズ)	I 6				3	3	0	0	0	0	0	0	0	0	0	0	0	0	2	0
						1	1	0	0	0	0	0	0	0	0	0	0	0	0	0	0
4-6B II 8		S ℓ B				4	2	1	1	0	1	0	4	0	1	0	0	0	2	0	1

	7	8	9	10	11	12
安・四・失	四 1 失 0	安 1 四 0 失 0	安 0 四 1 失 0			
得点	0	0	0			
	・21・3	3・6・17	24			

三振	暴投	ボーク	失点	自責点
5	0	0	4	4
0	0	0	3	3
3	0	0	0	0
1	0	0	0	0
2	0	0	0	0
0	0	0	0	0

捕手 氏名	逸球	打撃妨害	許盗塁	盗塁刺
ルイーズ	0	0	1	0

長打 氏名	二塁打	三塁打	本塁打
	イバネス×2	ルイーズ	ハワード

野球スコアカード

チーム名	（監督名）	1	2	3	4	5	6	7	8	9	10	11
フィリーズ	マニエル	0	0	1	0	0	2	0	0	0		
ヤンキース	ジラルディ	0	2	2	0	3	0	0	0	×		

投手成績

	氏名	勝負	セーブ	投球回数	打者	打数	投球数	安打	本塁打	犠打	犠飛	四球
投手	先発 ペティット	○		5 2/3	24	18	94	4	1	0	1	5
	2 チェンバレン			1 1/3	5	4	21	1	0	0	0	1
	3 マート			0 2/3	2	2	6	0	0	0	0	0
	4 リベラ			1 2/3	7	6	41	1	0	0	0	1
	5			/3								
	6			/3								

PART 3 歴史的名勝負のスコアカード ▼ ニューヨーク・ヤンキース vs フィラデルフィア・フィリーズ

合計	記																	
3																		
7	事																	No.

7	8	9	10	11	12	打席数	打数	得点	安打 単打	二塁打	三塁打	本塁打	打点 塁打数	得点打	盗塁	盗塁刺	犠打	犠飛	四死球	三振	残塁
	Pマッドソン ℓ /9					5	5	2	2	1	0	0	4	0	0	0	0	0	0	2	
	Ⅲ /6					2 1	1 0	1 1	0 0	0 0	0 0	0 0	0 0	0 0	0 0	0 0	0 1	1 0	1 0	0 0	
I SK S ℓ /1						4	3	1	1	0	0	0	1	1	0	0	0	1	1	1	
Pマッドソン Ⅱ SK						4	2	2	1	0	0	0	1	0	1	0	0	0	2	1	1
ℓ B						4	4	1	1	1	0	1	7	6	0	0	0	0	0	1	2
Ⅲ SK						4	3	0	0	0	0	0	0	0	0	0	0	0	1	2	1
I 5-3						4	4	0	0	0	0	0	0	0	0	0	0	0	0	2	0
Ⅱ 4-3						4	3	0	0	0	0	0	0	0	0	0	0	0	1	1	0
						4	4	0	0	0	0	0	0	0	0	0	0	0	0	2	0

安	四	失	安	四	失	安	四	失	安	四	失	安	四	失	安	四	失
1	1	0	1	0	0												
	0	0															
0・17・13			8・21・4														

三振	暴投	ボーク	失点	自責点
3	1	0	3	3
1	0	0	0	0
2	0	0	0	0
1	0	0	0	0

捕手	氏名	逸球	打撃妨害	許盗塁	盗塁刺
	ポサダ	1	0	2	0

長打	氏名	二塁打	三塁打	本塁打
		ジーター、松井		松井

1回表　先頭打者　❶ロリンズ

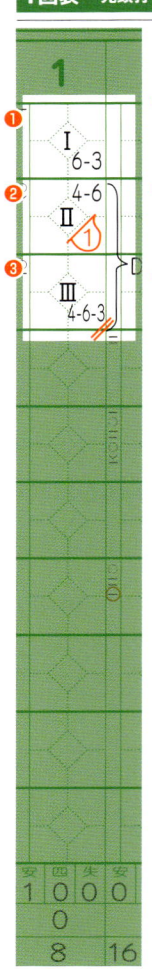

ヤンキースの先発ピッチャーは、ペティット
❶ロリンズ、ショートゴロ。ショートが1塁へ送球しアウト。（1死）
❷ビクトリーノ、ピッチャーへの内野安打で出塁。（1死1塁）
❸アトリー、セカンドゴロ。4-6-3のダブルプレーで3アウトチェンジ。

【POINT】 ダブルプレーは、ボールの移動を示す守備番号をハイフンでつなげて記入します。マス目をカッコでくくることも忘れずに。

1回裏　先頭打者　❶ジーター

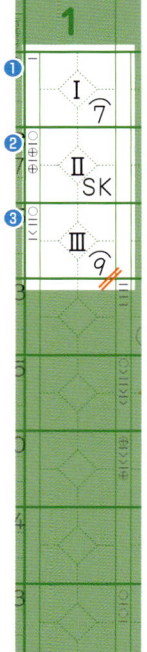

フィリーズの先発ピッチャーは、マルチネス
❶ジーター、レフトフライ。（1死）
❷デーモン、空振り三振。（2死）
❸タシィエラ、ライトフライで3アウトチェンジ。

【POINT】 結果は同じアウトでも、フライとライナーを書き分けると、バッターの好不調をはかる目安になります。詳しくは25ページ参照のこと。

2回表　先頭打者　❹ハワード

❹ハワード、ファーストゴロ。ファーストがみずから1塁ベースを踏んでアウト。（1死）
❺ワース、フォアボールで出塁。（1死1塁）
❻イバネス、ライトフライ。（2死1塁）
❼ワイルドピッチの間に1塁ランナーのワースが2塁に進塁。
フェリズ、キャッチャーフライで3アウトチェンジ。

【POINT】 ワイルドピッチは「WP」と記入。ワイルドピッチになったボールカウントを赤丸（○）で囲みます。詳しくは82ページ参照のこと。なお、ワイルドピッチがあったら、ピッチャーの「失策」ではなく、「暴投」の欄に記入します。

2回裏　先頭打者　❹ロドリゲス

❹ロドリゲス、フォアボールで出塁。（0死1塁）
❺松井、ライト方向への本塁打。松井に打点2が記録される。（0死ランナーなし）
❻ポサダ、空振り三振。（1死）
❼カノ、セカンドライナー。（2死）
❽スウィッシャー、レフトフライで3アウトチェンジ。

【POINT】 ランナーが生還したらマス目の中心に得点の記号を書き入れます。自責点の場合は「●」、非自責点の場合は「○」を記入します。

PART 3　歴史的名勝負のスコアカード ▼ ニューヨーク・ヤンキース vs フィラデルフィア・フィリーズ

3回表　先頭打者　❽フランシスコ

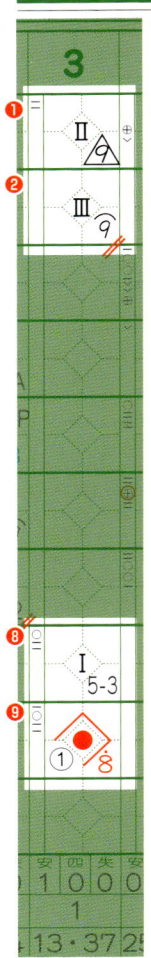

❽フランシスコ、サードゴロ。サードが1塁へ送球し、アウト。
（1死）

❾ルイーズ、センターオーバーの3塁打で出塁。
（1死3塁）

❶ロリンズ、ライトへの犠牲フライ。3塁ランナーのルイーズがタッチアップで生還。ロリンズに打点1が記録。
（2死）

❷ビクトリーノ、ライトフライで3アウトチェンジ。

【POINT】犠牲フライは△で囲みます。また、犠牲フライは打数にカウントされません。

3回裏　先頭打者　❾ガードナー

❾ガードナー、空振り三振。
（1死）

❶ジーター、センター前ヒットで出塁。
（1死1塁）

❷デーモン、フォアボールで出塁。1塁ランナーは2塁へ。
（1死1・2塁）

❸タシィエラ、デッドボールで出塁。ランナーはそれぞれ進塁。
（1死満塁）

❹ロドリゲス、見逃し三振。
（2死満塁）

❺松井、センター前ヒットで出塁。3塁ランナーと2塁ランナーがホームインし、松井に打点2が記録。1塁ランナーのタシィエラは2塁へ。
（2死1・2塁）

❻ポサダ、レフトフライで3アウトチェンジ。

【POINT】満塁のチャンスに2得点したヤンキースでしたが、2人のランナーを塁上に残してチェンジ。残塁になった選手のマス目の中央に「ℓ」を記入します。

4回表 先頭打者 ③アトリー

【選手交代】
ヤンキース、レフトがデーモンからヘアーストンに交代

③アトリー、空振り三振。
（1死）
④ハワード、セカンドライナー。
（2死）
⑤ワース、フォアボールで出塁。
（2死1塁）
⑥パスボールの間に1塁ランナーのワースが2塁に進塁。イバネス、フォアボールで出塁。
（2死1・2塁）
⑦フェリズ、サードゴロ。サードが1塁へ送球し、3アウトチェンジ。

【POINT】パスボールがあったら「PB」と記入し、パスボールがあったボールカウントを赤丸で囲みます。詳しくは84ページ参照のこと。なお、パスボールは「逸球」の欄にも記入します。

4回裏 先頭打者 ⑦カノ

⑦カノ、レフトフライ。
（1死）
⑧スィッシャー、空振り三振。
（2死）
⑨ガードナー、セカンドライナーで3アウトチェンジ。

【POINT】攻撃が終わってチェンジになったら、その回の最終打者のマス目の右下に「///」を書き入れます。こうしておけば次の回の攻撃がどこから始まるかが、すぐにわかります。

5回表　先頭打者　❽フランシスコ

❽フランシスコ、見逃し三振。
(1死)
❾ルイーズ、フォアボールで出塁。
(1死1塁)
❶ロリンズ、サードゴロ。5－4－3のダブルプレーで3アウトチェンジ。

[POINT]「5－4－3のダブルプレー」とは、打球を処理したサード(5)が2塁ベースのセカンド(4)へ送球してアウト。そこから1塁ベースのファースト(3)へ送球して2つ目のアウトをとったことを意味しています。

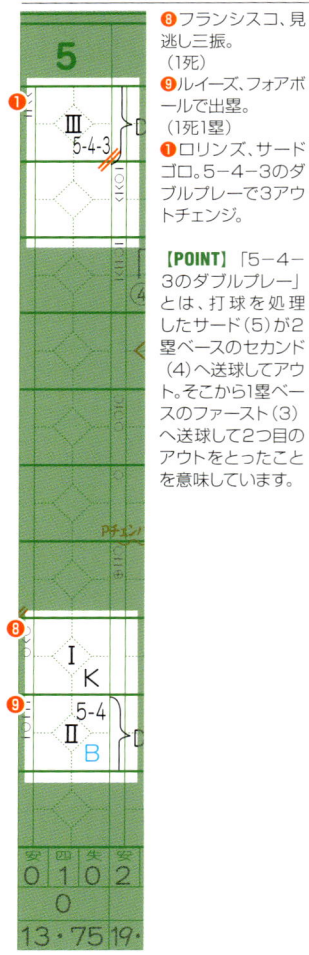

5回裏　先頭打者　❶ジーター

【選手交代】
フィリーズ、ピッチャーがマルチネスからダービンに交代。

❶ジーター、左中間へのエンタイトル2ベースヒットで出塁。
(0死2塁)
❷ヘアーストン、送りバント。ピッチャーが1塁へ送球し、バッターランナーはアウト。その間に2塁ランナーは3塁へ。送りバント成功で犠打が記録。
(1死3塁)
❸タシィエラ、センター前ヒットで出塁。3塁ランナーがホームインし、タシィエラに打点1が記録。
(1死1塁)
❹ロドリゲス、フォアボールで出塁。1塁ランナーが2塁へ進塁。

【選手交代】
フィリーズ、ピッチャーがダービンからハップに交代。
(1死1・2塁)
❺松井、右中間への2塁打で出塁。2塁ランナーと1塁ランナーがホームインし、松井に打点2が記録。
(1死2塁)
❻ポサダ、空振り三振。
(2死2塁)
❼カノ、空振り三振で3アウトチェンジ。

[POINT] ピッチャーの交代があった場合は、その時打席に立つバッターのマス目の上に赤で波線と名前を記入します。

6回表　先頭打者　❷ビクトリーノ

❷ビクトリーノ、ショートゴロ。ショートが1塁へ送球し、アウト。
（1死）
❸アトリー、フォアボールで出塁。
（1死1塁）
❹ハワード、レフト方向への本塁打。ハワードに打点2が記録。
（1死）
❺ワース、見逃し三振。
（2死）
❻イバネス、ライト線への2塁打で出塁。

【選手交代】
ヤンキース、ピッチャーがペティットからチェンバレンに交代。
（2死2塁）
❼フェリズ、サードゴロ。サードが1塁へ送球し、3アウトチェンジ。

【POINT】ホームランは打球方向も記入。「7」（レフト方向）や「7・8」（左中間方向）などと記入します。詳しくは27ページ参照のこと。

6回裏　先頭打者　❽スィッシャー

❽スィッシャー、フォアボールで出塁。
（0死1塁）
❾ガードナー、見逃し三振。
【選手交代】
フィリーズ、ピッチャーがハップからパクに交代。
（1死1塁）
❶ジーター、ファーストゴロ。ファーストが2塁（ショート）へ送球し、1塁ランナーはフォースアウト。バッターランナーのジーターは1塁に出塁。
（2死1塁）
❷ヘアーストン、ライトフライで3アウトチェンジ。

【POINT】「3-6B」は、打球を処理したファーストが2塁のベースカバーに入ったショートに送球し、1塁ランナーをフォースアウトにしたことを意味しています。

PART 3　歴史的名勝負のスコアカード ▼ ニューヨーク・ヤンキース vs フィラデルフィア・フィリーズ

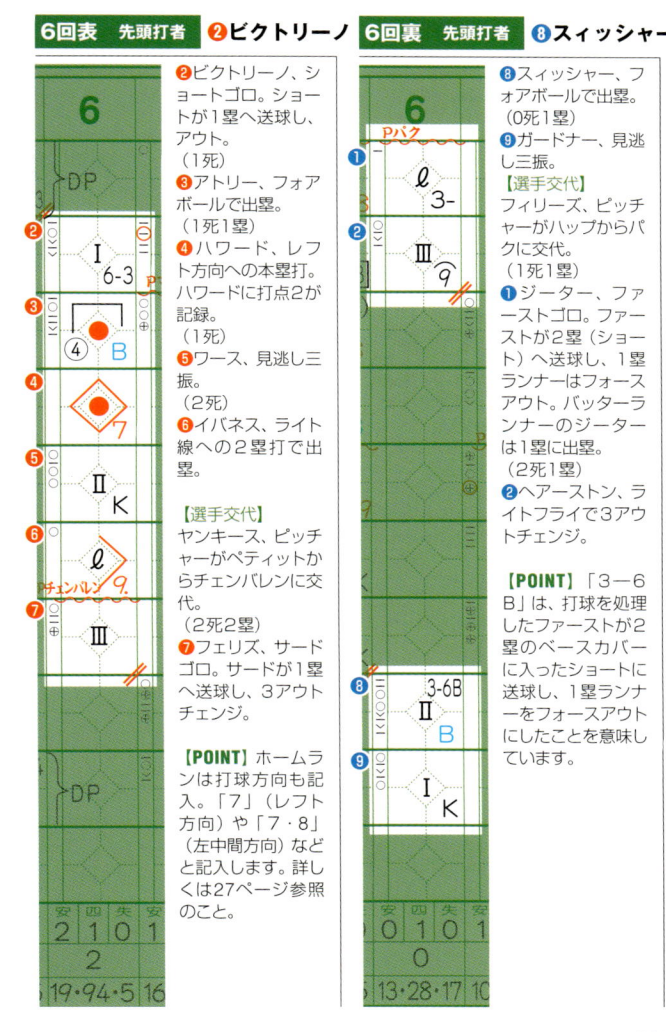

125

7回表　先頭打者　❽フランシスコ

❽フランシスコ、空振り三振。
（1死）
❾ルイーズ、センター前ヒットで出塁。
（1死1塁）
❶ロリンズ、セカンドゴロ。セカンドが2塁（ショート）に送球して1塁ランナーはフォースアウト。バッターランナーのロリンズは1塁に出塁。
（2死1塁）
❷1塁ランナーのロリンズが盗塁成功
（2死2塁）。
ビクトリーノ、フォアボールで出塁。
【選手交代】
ヤンキース、ピッチャーがチェンバレンからマートに交代。
（2死1、2塁）
❸アトリー、空振り三振で3アウトチェンジ。

【POINT】盗塁が成功した場合の記号は「S」。盗塁を試みたボールカウントに赤丸を付けます。ちなみに、盗塁失敗は「CS」と記入します。

7回裏　先頭打者　❸タシィエラ

❸タシィエラ、空振り三振。
（1死）
❹ロドリゲス、レフト前ヒットで出塁。
【選手交代】
フィリーズ、ピッチャーがパクからアイルに交代。
（1死1塁）
❺松井、空振り三振。1塁ランナーのロドリゲスが2塁へ盗塁。
（2死2塁）
❻ポサダ、敬遠のフォアボールで出塁。
（2死1・2塁）
❼カノ、空振り三振で3アウトチェンジ。

【POINT】敬遠のフォアボールは、バッテリーが次のバッターと勝負しようとする積極的な戦略。ふつうのフォアボールと区別するために「ＩＢ」と記入します。

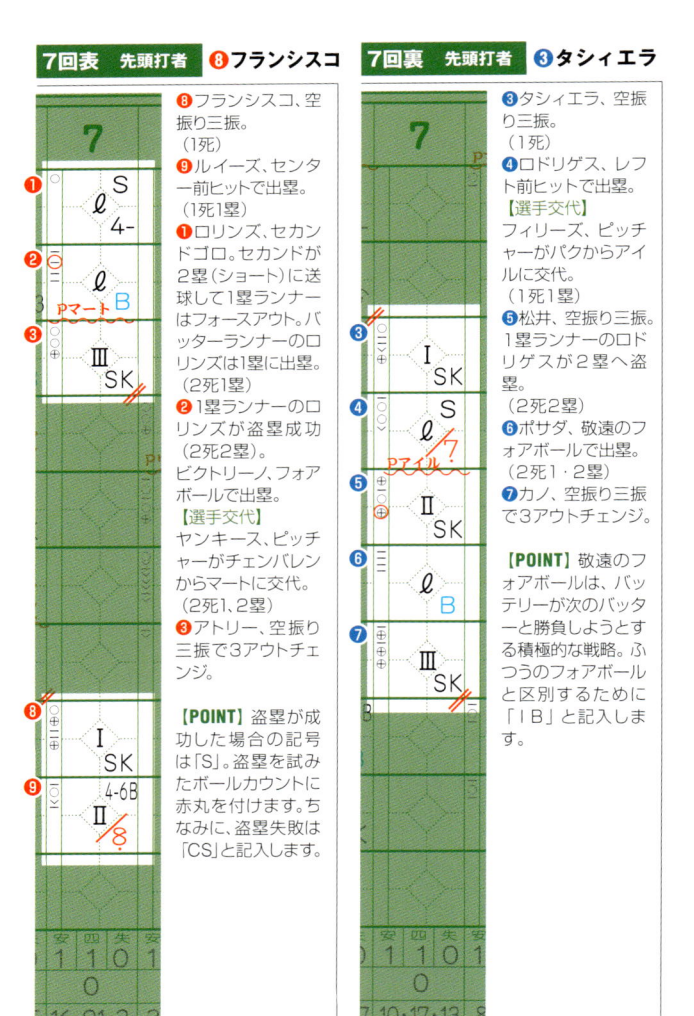

8回表　先頭打者　❹ハワード

❹ハワード、空振り三振。
【選手交代】
ヤンキース、ピッチャーがマートからリベラに交代。
（1死）
❺ワース、空振り三振。
（2死）
❻イバネス、センターオーバーの2塁打で出塁。
（2死2塁）
❼フェリズ、キャッチャーへのファウルフライで3アウトチェンジ。

【POINT】センターの守備番号「8」の上に「・」を付すことで、センターオーバーのヒットであることを表すことができます。

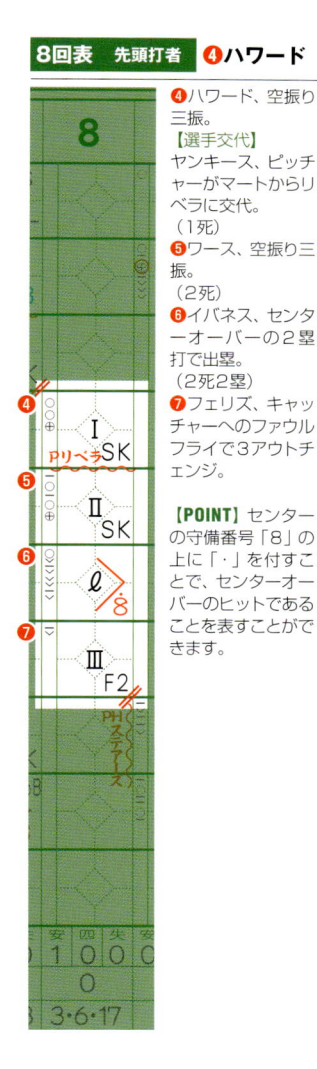

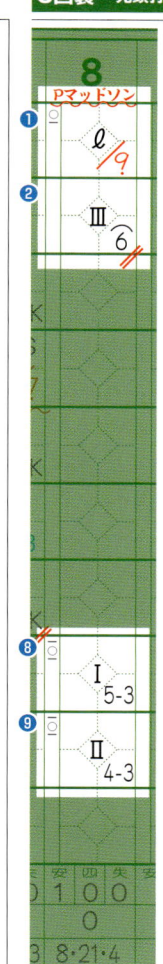

8回裏　先頭打者　❽スィッシャー

❽スィッシャー、サードゴロ。サードが1塁へ送球しアウト。
（1死）
❾ガードナー、セカンドゴロ。セカンドが1塁へ送球しアウト。
【選手交代】
フィリーズ、ピッチャーがアイルからマッドソンに交代。
（2死）
❶ジーター、ライト前ヒットで出塁。
（2死1塁）
❷ヘアーストン、ショートフライで3アウトチェンジ。

【POINT】ライトの守備番号「9」の下に「・」を付すことで、ライト前ヒットであることを表すことができます。

PART 3　歴史的名勝負のスコアカード ▼ ニューヨーク・ヤンキース vs フィラデルフィア・フィリーズ

9回表　先頭打者　❽フランシスコ

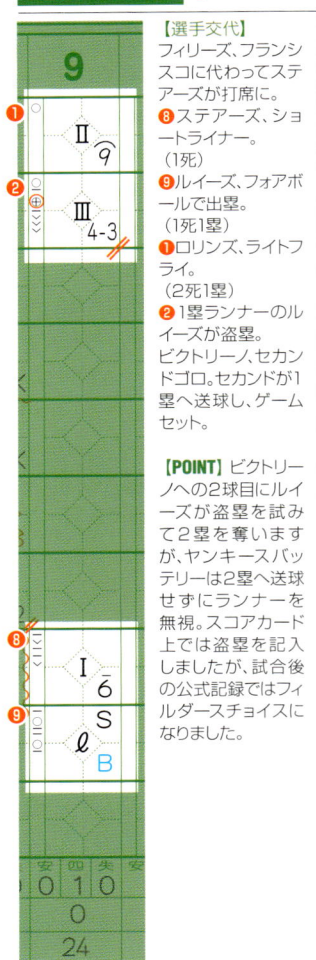

【選手交代】
フィリーズ、フランシスコに代わってステアーズが打席に。

❽ステアーズ、ショートライナー。
（1死）

❽ルイーズ、フォアボールで出塁。
（1死1塁）

❶ロリンズ、ライトフライ。
（2死1塁）

❷1塁ランナーのルイーズが盗塁。
ビクトリーノ、セカンドゴロ。セカンドが1塁へ送球し、ゲームセット。

【POINT】ビクトリーノへの2球目にルイーズが盗塁を試みて2塁を奪いますが、ヤンキースバッテリーは2塁へ送球せずにランナーを無視。スコアカード上では盗塁を記入しましたが、試合後の公式記録ではフィルダースチョイスになりました。

COLUMN

スコアラーとしての心構え②
判断に迷ったときは打者有利に記録しておく

　スコアに記録するプレーの判定は、基本的に公式記録員に準じますが、高校野球の練習試合など公式記録員がいない場合は、スコアラー自身が判断しなければならないケースもあります。ヒットになるのか、エラーを記録するのかなど、判断が難しいプレーの場合には、打者有利に記録することが多いこともおぼえておきましょう。正しいジャッジを下すには、日ごろから野球の試合を数多く見て、野球を見る目を養っておくことが大切です。

　また、スコアラー同士で仲間をつくることも上達への大きなカギとなります。お互いに意見交換をしたり、記入方法を教えあうなど、交流をはかることでより正確ですばやく記入できるヒントを知ることができるからです。

　スコアラーの楽しみは、自分で判断できるところにもあります。正確なプレーを記録していくことがスコアカードの目的ではありますが、いろいろな状況で起きる数々のプレーをスコアラー自身が自分なりに判断してスコアを作成していくのも、また大きな楽しみの一つになるはずです。

2013年 11月 3日 日本シリーズ 第7戦

- 試合開始 18時35分
- 試合終了 21時50分
- 所要時間 3時間15分
- 球場: Kスタ宮城
- 観衆: 25,249
- 球場状態 / 天候・風向

対戦: 東北イーグルス 対 ジャイアンツ

ジャイアンツ 打順表

打順	守備	左右	選手名	背番号
1	9	右	長野	7
	PH9	左	亀井	9
2	8	左	松本哲	31
3	DH	左	高橋由	24
4	2	左	阿部	10
5	5	右	村田	25
6	6	右	坂本	6
7	7	左	ボウカー	42
8	3	右	ロペス	5
9	4	右	寺内	00
	PH4	左	脇谷	23
	PH		矢野	48

合計

回	1	2	3	4	5	6
安打	0	2	1	0	0	0
四死球	2	0	0	1	0	0
失策	1	0	0	0	0	0
得点	0	0	0	0	0	0
投球数	22	7・29	19・48	15・63	14・77	14・9

投手成績

	氏名	勝負	セーブ	投球回数	打者	打数	投球数	安打	本塁打	犠打	犠飛	四球
先発	杉内	●		1 2/3	10	8	35	2	0	0	0	1
2	澤村			2 1/3	10	9	40	3	1	0	0	1
3	内海			3	14	12	49	3	0	0	0	1
4	西村			1 /3	3	3	16	0	0	0	0	0
5				/3								
6				/3								

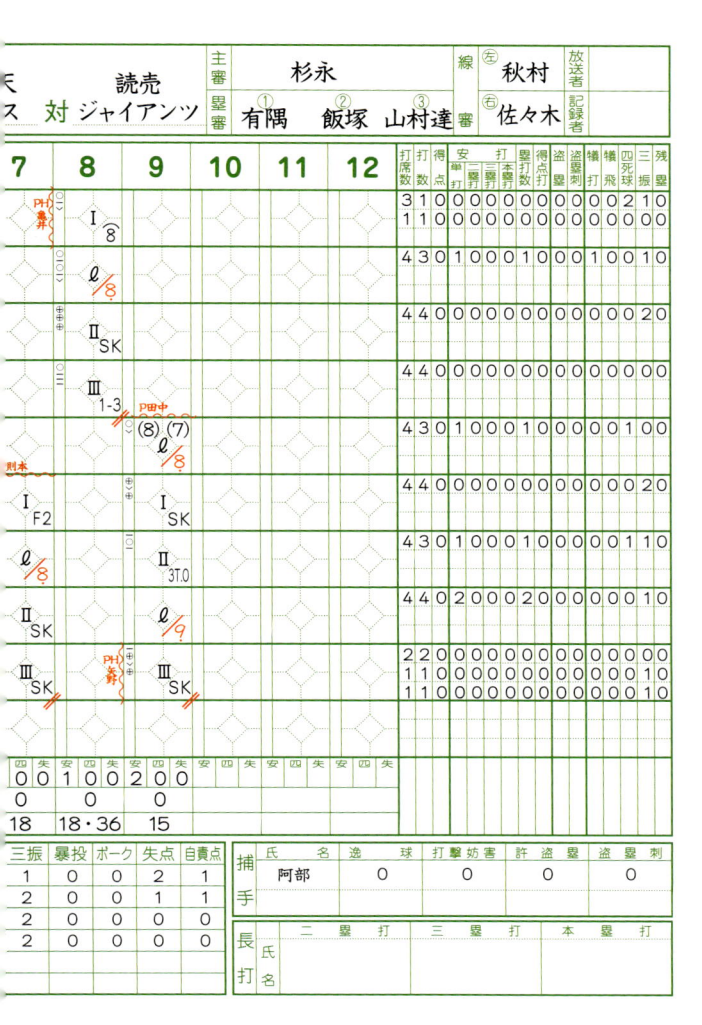

天 ス 対 読売 ジャイアンツ	主審	杉永	線審	左 秋村	放送者
	塁審	①有隅 ②飯塚 ③山村達		右 佐々木	記録者

7	8	9	10	11	12	打席数	打数	得点	単打	二塁打	三塁打	本塁打	塁打数	得点打	盗塁	盗塁刺	犠打	犠飛	四死球	三振	残塁
PH 亀井	○〈 I ⑧					3	1	0	0	0	0	0	0	0	0	0	0	0	2	1	0
						1	1	0	0	0	0	0	0	0	0	0	0	0	0	0	0
	○○〈 ℓ/8					4	3	0	1	0	0	0	1	0	0	0	1	0	0	1	0
	⊕⊕⊕ II SK					4	4	0	0	0	0	0	0	0	0	0	0	0	0	2	0
	○II III 1-3 //	P田中				4	4	0	0	0	0	0	0	0	0	0	0	0	0	0	0
則本		○〈 (8) (7) ℓ/8				4	3	0	1	0	0	0	1	0	0	0	0	0	1	0	0
I F2		⊕〈⊕ I SK				4	4	0	0	0	0	0	0	0	0	0	0	0	0	2	0
ℓ/8		○ II 3T.0				4	3	0	1	0	0	0	1	0	0	0	0	0	1	1	0
II SK		ℓ/9				4	4	0	2	0	0	0	2	0	0	0	0	0	0	1	0
III SK //	PH 矢野	⊕〈⊕ III SK //				2	2	0	0	0	0	0	0	0	0	0	0	0	0	0	0
						1	1	0	0	0	0	0	0	0	0	0	0	0	0	1	0
						1	1	0	0	0	0	0	0	0	0	0	0	0	0	1	0
四 0 失 0	安 1 四 0 失 0	安 2 四 0 失 0	安 四 失	安 四 失	安 四 失																
0	0	0																			
18	18・36	15																			

三振	暴投	ボーク	失点	自責点
1	0	0	2	1
2	0	0	1	1
2	0	0	0	0
2	0	0	0	0

捕手 氏名	逸球	打撃妨害	許盗塁	盗塁刺
阿部	0	0	0	0

長打 氏名	二塁打	三塁打	本塁打

読売ジャイアンツ 対 東北楽天イーグルス

チーム名	(監督名)	1	2	3	4	5	6	7	8	9	10	11
読売ジャイアンツ	原	0	0	0	0	0	0	0	0	0		
東北楽天イーグルス	星野	1	1	0	1	0	0	0	0	×		

投手成績

	氏名	勝負	セーブ	投球回数	打者	打数	投球数	安打	本塁打	犠打	犠飛	四球
先発	美馬	○		6 /3	23	18	91	1	0	1	0	3
投手 2	則本			2 /3	8	8	36	0	0	0	0	0
投手 3	田中			1 /3	5	5	15	2	0	0	0	0
投手 4				/3								
投手 5				/3								
投手 6				/3								

PART 3 歴史的名勝負のスコアカード ▼ 東北楽天ゴールデンイーグルス vs 読売ジャイアンツ

合計	記事
0	
3	

No.

7	8	9	10	11	12	打席数	打数	得点	安打(単/二/三/本塁打)	打点	塁打数	得点打	盗塁	盗塁刺	犠打	犠飛	四死球	三振	残塁
	Ⅲ ⑦					5	4	0	1 0 0 0	0	1	1	0	0	0	0	1	0	0
						4	3	0	1 0 0 0	0	1	0	0	0	0	0	1	2	0
						4	3	1	0 0 0 0	0	0	0	0	0	0	0	1	0	0
Ⅰ SK						4	4	0	1 1 0 0	3	0	0	0	0	0	0	0	2	0
Ⅱ ⑧						4	4	0	0 1 0 0	2	0	0	0	0	0	0	0	0	0
ℓ ⑦						1 1	0 0	0	0 0 0 0	0	0	0	0	0	0	0	0	0	0
						3	2	0	1 1 0 0	3	0	0	0	0	0	0	1	0	0
Ⅲ ⑨	P西村 Ⅰ SK					4	4	0	0 0 0 0	0	0	0	0	0	0	0	0	0	0
						4	3	1	0 0 0 0	0	0	0	0	0	0	0	1	2	0
	Ⅱ SK					4	4	1	0 0 1 0	4	1	0	0	0	0	0	0	1	0

	安 四 失	安 四 失	安 四 失	安 四 失	安 四 失	安 四 失
	0 0 0	0 0				
6・49	16					

三振	暴投	ボーク	失点	自責点
5	0	0	0	0
3	0	0	0	0
2	0	0	0	0

捕手	氏名	逸球	打撃妨害	許盗塁	盗塁刺
	嶋	0	0	0	0

長打	氏名	二塁打	三塁打	本塁打
		ジョーンズ 岡島 マギー 聖澤		牧田

1回表　先頭打者　❶長野

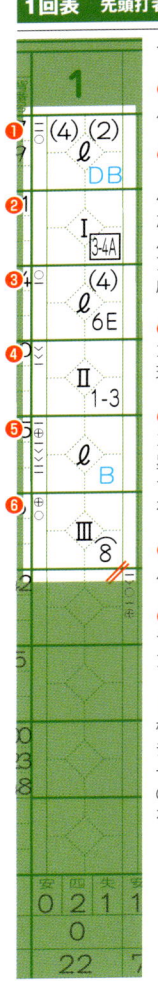

イーグルスの先発ピッチャーは、美馬
❶長野、デッドボールで出塁。
（0死1塁）
❷松本哲、送りバント。ファーストが1塁ベースカバーに入ったセカンドへ送球し、バッターランナーはアウト。送りバント成功で犠打が記録。
（1死2塁）
❸高橋由、ショートゴロ。ショートの捕球エラーで出塁。
（1死1・2塁）
❹阿部、ピッチャーゴロ。ピッチャーが1塁へ送球してアウト。ランナーはそれぞれ進塁。
（2死2・3塁）。
❺村田、フォアボールで出塁。
（2死満塁）
❻坂本、センターフライで3アウトチェンジ。

【POINT】 長野、高橋由、村田が残塁。チェンジになったら、それぞれのマス目の中央に「ℓ」の記号を書き入れます。

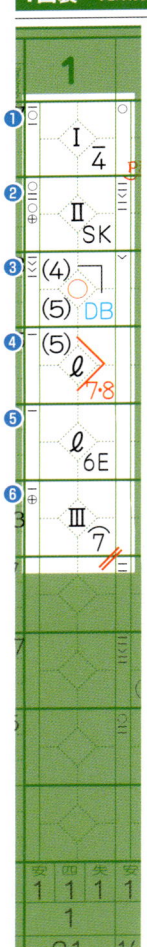

1回裏　先頭打者　❶岡島

ジャイアンツの先発ピッチャーは、杉内
❶岡島　セカンドライナー。
（1死）
❷藤田、空振り三振。
（2死）
❸銀次、デッドボールで出塁。
（2死1塁）
❹ジョーンズ、左中間への2塁打で出塁。1塁ランナーの銀次は3塁へ進塁。
（2死2・3塁）
❺マギー、ショートゴロ。ショートの捕球エラーで出塁。その間に3塁ランナーの銀次がホームイン。
（2死1・3塁）
❻中島、レフトライナーで3アウトチェンジ。

【POINT】 エラーによる得点のため、4番打者マギーに打点はつきません。したがってホームインした銀次のマス目の左右には「⑤」ではなく、「(5)」と記入します。

2回表　先頭打者　❼ボウカー

❼ボウカー、空振り三振。
（1死）
❽ロペス、レフト前ヒットで出塁。
（1死1塁）
❾寺内、ショートゴロ。6－6－3のダブルプレーで3アウトチェンジ。

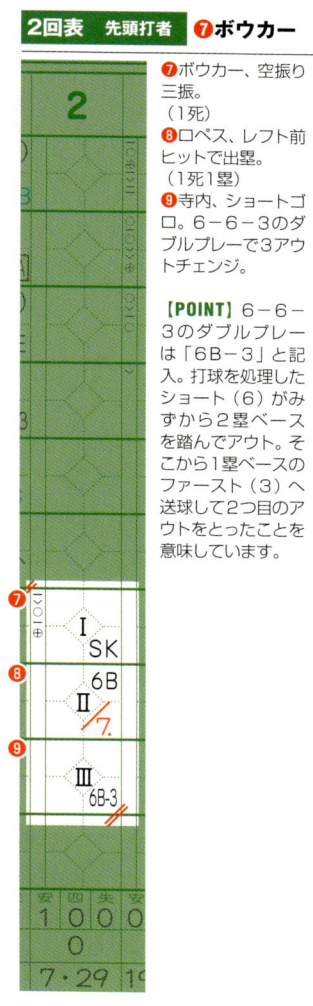

【POINT】6－6－3のダブルプレーは「6B－3」と記入。打球を処理したショート（6）がみずから2塁ベースを踏んでアウト。そこから1塁ベースのファースト（3）へ送球して2つ目のアウトをとったことを意味しています。

2回裏　先頭打者　❼松井稼

❼松井稼、ライトフライ。
（1死）
❽嶋、フォアボールで出塁。
（1死1塁）
❾牧田、サードゴロ。サードが1塁へ送球しアウト。その間、1塁ランナーの嶋は2塁へ。
（2死2塁）
❶岡島、左中間寄り、センターオーバーの2塁打で出塁。2塁ランナーの嶋がホームインし、岡島に打点1が記録。
【選手交代】
ジャイアンツ、ピッチャーが杉内から澤村に交代。
（2死2塁）
❷藤田、フォアボールで進塁。
（2死1・2塁）
❸銀次、レフトフライで3アウトチェンジ。

【POINT】センターの守備番号「8」の左上あたりに「・」を付ければ、「左中間寄り、センターオーバー」の当たりであることを表すこともできます。

3回表　先頭打者　❶長野

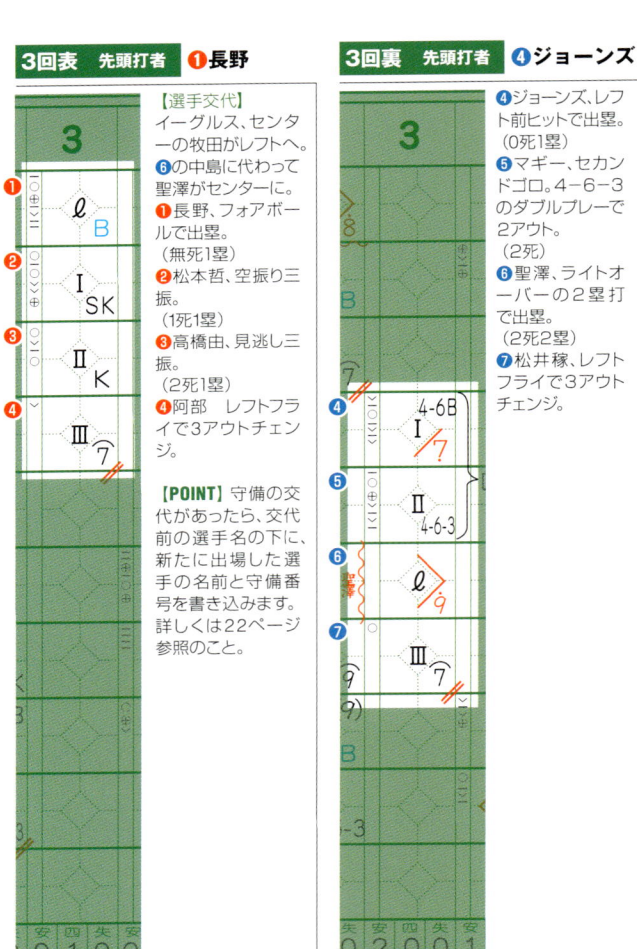

【選手交代】
イーグルス、センターの牧田がレフトへ。
❻の中島に代わって聖澤がセンターに。
❶長野、フォアボールで出塁。
（無死1塁）
❷松本哲、空振り三振。
（1死1塁）
❸高橋由、見逃し三振。
（2死1塁）
❹阿部　レフトフライで3アウトチェンジ。

【POINT】守備の交代があったら、交代前の選手名の下に、新たに出場した選手の名前と守備番号を書き込みます。詳しくは22ページ参照のこと。

3回裏　先頭打者　❹ジョーンズ

❹ジョーンズ、レフト前ヒットで出塁。
（0死1塁）
❺マギー、セカンドゴロ。4-6-3のダブルプレーで2アウト。
（2死）
❻聖澤、ライトオーバーの2塁打で出塁。
（2死2塁）
❼松井稼、レフトフライで3アウトチェンジ。

4回表 先頭打者 ❺村田

❺村田、ライトフライ。
(1死)
❻坂本、空振り三振。
(2死)
❼ボウカー、フォアボールで出塁。
(2死1塁)
❽ロペス、セカンドゴロ。セカンドが1塁に送球して3アウトチェンジ。

【POINT】 スコアカードの記入は正確さが大事。試合が終わったら、自分がつけたスコアカードと公式記録（または相手チームのスコアカード）を照らし合わせて確認しましょう。

4回裏 先頭打者 ❽嶋

❽嶋、空振り三振。
(1死)
❾牧田、レフト方向への本塁打。牧田に打点1が記録。
(1死)
❶岡島、ピッチャーゴロ。ピッチャーが1塁へ送球しアウト。
(2死)
❷藤田、空振り三振で3アウトチェンジ。

【POINT】 ボールカウントはできるだけ小さな文字で、上から詰めて記入します。ファウルボールが続いて書き切れなくなった場合は、枠の近くにスペースを見つけて記入します。

PART 3 歴史的名勝負のスコアカード ▼ 東北楽天ゴールデンイーグルス vs 読売ジャイアンツ

5回表　先頭打者　❾寺内

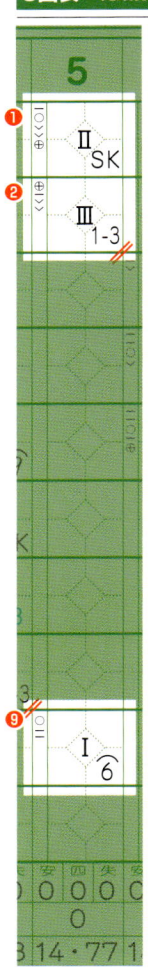

❾寺内、ショートフライ。
（1死）
❶長野、空振り三振。
（2死）
❷松本哲、ピッチャーゴロ。ピッチャーが1塁へ送球して3アウトチェンジ。

【POINT】 プレー中、記入者は一瞬たりともグラウンドから目を離すことができません。記入内容の確認は、攻守交替のときにまとめて行いましょう。

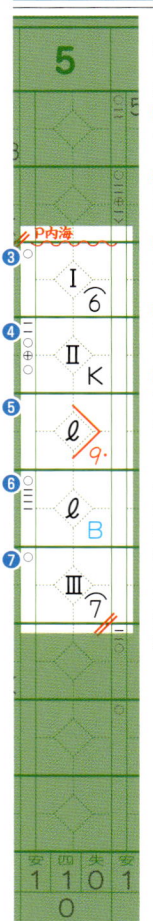

5回裏　先頭打者　❸銀次

【選手交代】
ジャイアンツ、ピッチャーが澤村から内海に交代。
❸銀次、ショートフライ。
（1死）
❹ジョーンズ、見逃し三振。
（2死）
❺マギー、ライト線への2塁打で出塁。
（2死2塁）
❻聖澤、フォアボールで出塁。
（2死1・2塁）
❼松井稼、レフトフライで3アウトチェンジ。

【POINT】 ライト線への打球は、ライトの守備番号「9」の右側に「･」を付けるとよいでしょう。レフト線への打球は、レフトの守備番号「7」の左側に「･」を付けます。

6回表　先頭打者　❸高橋由

❸高橋由、セカンドゴロ。セカンドが1塁へ送球し1アウト。
（1死）
❹阿部、センターフライ。
（2死）
❺村田、ファーストへのファウルフライで3アウトチェンジ。

【POINT】ファウルフライは、捕球した野手の守備番号の前に「F」（または「FF」）を記入します。フライであることがわかるので、「〜」の記号は省略してもかまいません。

6回裏　先頭打者　❽嶋

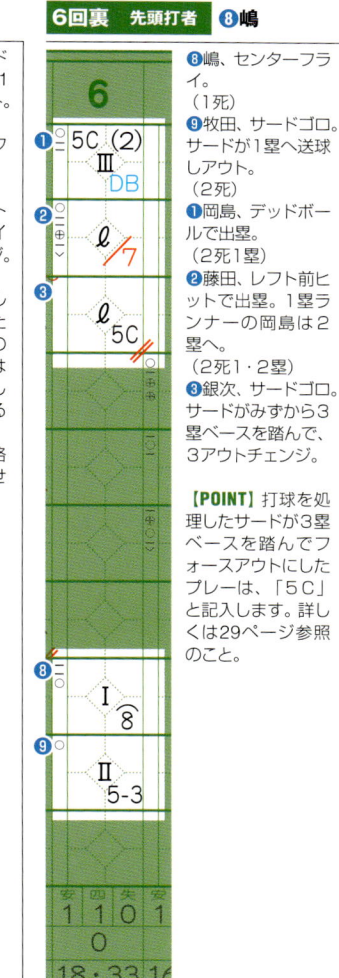

❽嶋、センターフライ。
（1死）
❾牧田、サードゴロ。サードが1塁へ送球しアウト。
（2死）
❶岡島、デッドボールで出塁。
（2死1塁）
❷藤田、レフト前ヒットで出塁。1塁ランナーの岡島は2塁へ。
（2死1・2塁）
❸銀次、サードゴロ。サードがみずから3塁ベースを踏んで、3アウトチェンジ。

【POINT】打球を処理したサードが3塁ベースを踏んでフォースアウトにしたプレーは、「5C」と記入します。詳しくは29ページ参照のこと。

PART 3　歴史的名勝負のスコアカード▼東北楽天ゴールデンイーグルス vs 読売ジャイアンツ

7回表 先頭打者 ❻坂本

【選手交代】
イーグルス、ピッチャーが美馬から則本に交代。
❻坂本、キャッチャーへのファウルフライ。
（1死）
❼ボウカー、センター前ヒットで出塁。
（1死1塁）
❽ロペス、空振り三振。
（2死1塁）
【選手交代】
ジャイアンツ、寺内に代わって脇谷が打席に。
❾脇谷、空振り三振で3アウトチェンジ。

【POINT】代打が出場したら、マス目の左側に波線を引き、出場した選手の名前を縦書きで記入します。詳しくは20ページを参照のこと。

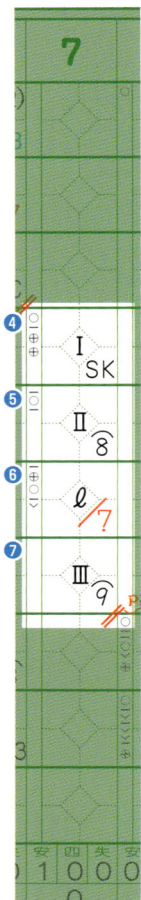

7回裏 先頭打者 ❹ジョーンズ

❹ジョーンズ、空振り三振。
（1死）
❺マギー、センターフライ。
（2死）
❻聖澤、レフト前ヒットで出塁。
（2死1塁）
❼松井稼、ライトフライで3アウトチェンジ。

【POINT】チェンジになったら、残塁になった選手のマス目の中央に「ℓ」を記入。最後のバッターのマス目の右下に「///」を入れる習慣をつけましょう。

8回表　先頭打者　❶長野

【選手交代】
ジャイアンツ、長野に代わって亀井が打席に。
❶亀井、センターフライ。
（1死）
❷松本哲、センター前ヒットで出塁。
（1死1塁）
❸高橋由、空振り三振。
（2死1塁）
❹阿部、ピッチャーゴロ、ピッチャーが1塁へ送球して3アウトチェンジ。

【POINT】 ゲームセットの後、三振の数を知りたいときは、マス目の右下に記入された「SK」（空振り三振）、「K」（見逃し三振）を数えます。

8回裏　先頭打者　❽嶋

【選手交代】
ジャイアンツ、ピッチャーが内海から西村に交代。
❽嶋、空振り三振。
（1死）
❾牧田、空振り三振。
（2死）
❶岡島、レフトフライで3アウトチェンジ。

【POINT】 三振の第3ストライク（フォアボールの第4ボール）は、ボールカウントの欄に記入しなくてもかまいません。打撃結果を見れば最終投球の内容がわかるからです。

PART 3　歴史的名勝負のスコアカード　▼　東北楽天ゴールデンイーグルス vs 読売ジャイアンツ

9回表　先頭打者　❺村田

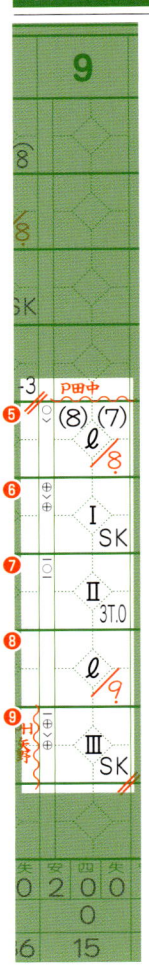

【選手交代】
イーグルス、ピッチャーが則本から田中に交代。
❺村田、センター前ヒットで出塁。
（0死1塁）
❻坂本、空振り三振。
（1死1塁）
❼ボウカー、ファーストゴロ。ファーストがバッターランナーにタッチしてアウト。その間、1塁ランナーの村田は2塁へ。
（2死2塁）
❽ロペス、ライト前ヒットで出塁。2塁ランナーの村田は3塁へ。
（2死1・3塁）

【選手交代】
ジャイアンツ、脇谷に代わって矢野が打席に。
❾矢野、空振り三振でゲームセット。

【POINT】ゴロを捕球したファーストが、バッターランナーをタッチアウトにした場合は、「3T.O」と記入します。「T.O」はタッグアウト（Tug Out）の略です。

COLUMN

セーフティースクイズはスクイズになるの？

　1アウト、ランナー3塁。どうしても得点がほしいこんな状況で用いられる作戦の一つがスクイズバントです。しかし、スクイズは相手に見破られたり、空振りあるいは小フライになるなどで失敗すると、せっかくのチャンスをふいにし、チームの士気を一気に下げてしまうリスクもともないます。

　そんなリスクを回避するために行う作戦がセーフティースクイズです。セーフティースクイズは、ピッチャーの投球と同時にスタートを切るのではなく、バッターがバントしてボールがグラウンドに転がったのを確認してから、ランナーがスタートを切るプレーです（チームの走力と判断がともなわないと成功しません）。ときにバッターがセーフティーバントを行い、打球の行方に応じてランナーが走る場合もあります。

　ではスコアへの記入はどうすればよいでしょうか？　もちろん、セーフティースクイズであっても通常のスクイズ同様、バッターに犠打（セーフティーバントでバッターランナーが1塁へ出塁した場合はヒット）と打点が記録されます。詳しく記録する場合は、余白に「※セーフティースクイズ」と書き入れておくとよいでしょう。

PART 3 歴史的名勝負のスコアカード

実際の試合に学ぶ、スコアカードの記入

思わぬところで起きるエラー、突如乱調になってフォアボールを連発するピッチャー、起死回生の逆転ホームラン……。野球の面白さは何が起きるかわからないことです。ここでは実際の試合から勝敗を分けるポイントとなったイニングをピックアップしてみました。スコアカードからその流れを追ってみましょう。

シーン①

緊張感に包まれる初回の攻防には、
いろいろなプレーが起きやすいので心の準備をしておく

A高校　対　K高校
[1回裏　K高校の攻撃]

チーム名	（監督名）	1	2	3	4	5	6	7	8
A高校		0							
K高校		2							

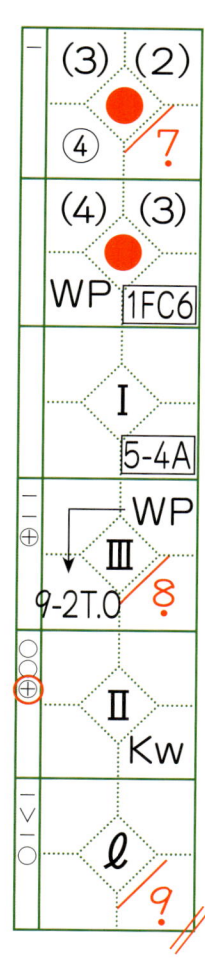

1回裏　先頭打者　**1番バッター**

【戦況】
1回表、**A**高校が三者凡退で攻撃を終えたその裏、**K**高校の攻撃。初回ということもあり、是が非でも先取点を奪い、試合の流れをつかみたいところです。

1番バッターが、2球目のファーストストライクを積極的に打ってレフト前ヒットで出塁。

2番バッターが、初球に送りバント。捕球したピッチャーがフォースアウトを狙って2塁へ送球するが、セーフ。ピッチャーのフィルダースチョイスとなって0死1・2塁。

3番バッターが、初球をサード前へ送りバント。サードが1塁（セカンドがベースカバー）へ送球して、バッターランナーがアウト。1死2・3塁。

4番バッターが、2−1からの4球目をセンター前にクリーンヒット。3塁ランナーが生還して1点を先取。4番バッターに打点1が記録。2塁ランナーは3塁に進塁。1死1・3塁。

5番バッターが、0−2からワンバウンドのボールを空振り三振。しかし、キャッチャーが後逸して、3塁ランナーが生還して2点目が入る（ピッチャーのワイルドピッチ）。1塁ランナーは2塁に進塁。2死2塁。
※ワイルドピッチは、ピッチャーの投球上の過失。自責点の対象となります。

6番バッターが、2−2からの5球目をライト前ヒット。2塁ランナーが一挙にホームを狙うが、ライトからの好返球によって本塁でタッチアウト。3アウトチェンジ。

【POINT】 最初の守備をリズムよく三者凡退で抑えたKチームの積極的な攻撃が、Aチームの立ち上がりのすきをうまくついたイニングとなりました。初回は両チームとも緊張感などによって良い状態で試合に入れないことが多く、いろいろなプレーが起きることが多いものです。スコアの記入では、フィルダースチョイス「FC」や振り逃げ三振「𝕂」、ワイルドピッチ「WP」などをしっかり書きこみましょう。

シーン②

エラーが出ると得点が生まれやすいので想定しておく

T高校　対　F高校
[4回表　T高校の攻撃]

チーム名	（監督名）	1	2	3	4	5	6	7	8
T高校		0	0	0	3				
F高校		0	0	0					

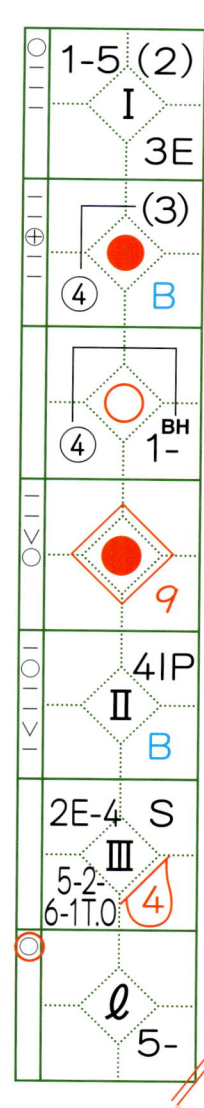

4回表　先頭打者　1番バッター

【戦況】
0-0で3回を終え、引き締まった試合展開でむかえた4回表。1番バッターからの攻撃となったT高校が、相手のエラーを足掛かりに多彩な攻撃を見せました。

1番バッターが、3-1からファーストゴロを打つが、ファーストがエラーして出塁。0死1塁。

2番バッターがフォアボールで出塁。0死1・2塁。

3番バッターが、初球に送りバントを試みるが、打球を処理したピッチャーが3塁へ送球し、2塁ランナーがフォースアウト。ランナーが入れ替わり1死1・2塁。

4番バッターが、2-2からライトオーバーのホームランを放ち、3点を先取。1死。
※3番バッターはエラーで出塁した1番バッターと入れ替わっているので、非自責点となります。

5番バッターが、フォアボールで出塁。1死1塁。

6番バッターが、1・2塁間へゴロを打つが、1塁ランナーが打球にあたって守備妨害でアウト。しかし、バッターはセカンドへの内野安打と記録。2死1塁。

7番バッターの初球（投球はストライク）に、1塁ランナーが盗塁を敢行。キャッチャーが2塁へ送球するも暴投となり、ランナーは3塁へ進塁。ランナーの2塁進塁に対しては「盗塁」、3塁進塁に対しては「キャッチャーの悪送球」が記録。
バッターは0-1からライン際にサードゴロを打ち、サードは1塁が間に合わないと判断して本塁へ送球。ランナーが塁間に挟まれてランダウンプレーとなり、ボールがショートからピッチャーに渡ってランナーがタッチアウト。スリーアウトチェンジ。

【POINT】 このイニングは、いろいろと複雑なプレーが起きました。ときに起こる守備妨害は、打球がランナーにあたった時点でボールデッドとなり、ランナーは守備妨害をとられてアウトとなります。しかし、バッターにはヒットが記録されることをおぼえておきましょう。また、盗塁のとき、キャッチャーが暴投した場合は、盗塁とキャッチャーの悪送球が記録されます。ランダウンプレーは、送球が渡った野手順に守備番号を書き入れるのが肝心です。

シーン③

犠牲フライの打点など、
ポイントとなるプレーの記入はしっかりと書く

F高校　対　H高校
[5回裏　H高校の攻撃]

チ ー ム 名	（監督名）	1	2	3	4	5	6	7	8
F高校		0	1	0	0	2			
H高校		0	0	0	0	1			

5回裏　先頭打者　7番バッター

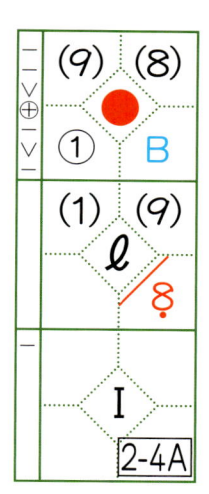

【戦況】
5回表に2点を追加され、3-0の劣勢でむかえた5回裏の攻撃。ここで1点でも返して試合の流れを戻したいH高校が反撃を見せます。

7番バッターが、3-2からフォアボールで出塁。0死1塁。

8番バッターが、初球をたたき、センター前ヒットで出塁。0死1・2塁。

9番バッターが、1-0から送りバント。キャッチャーが1塁（セカンドがベースカバー）へ送球し、バッターランナーがアウト。1死2・3塁。

1番バッターが、2-1からライトへフライ。3塁ランナーがタッチアップで生還して1点を奪取。犠牲フライによって1番バッターに「打点1」が記録。2塁ランナーもタッチアップで3塁へ進塁。2死3塁。

2番バッターが、レフトフライを打ち上げ、3アウトチェンジ。

【POINT】 H高校が効率よく1点を取りました。「点を取られたら、すぐに1点でも取り返す」。強いチームは、こういったゲーム展開ができます。たとえ、相手に点を取られても、その次の攻撃で1点でも返しておけば、その後のゲームの流れは変わっていきます。7番バッターのマス目に記入する得点を、1番打者の打点を示す「①」と記入することも忘れないようにしましょう。

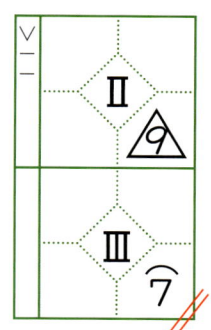

シーン④

一気に形勢が変わる、不意に起こった
プレーやダブルプレーに対処する

I高校 対 K高校
[7回表 I高校の攻撃]

チーム名	(監督名)	1	2	3	4	5	6	7	8
I高校		0	2	0	1	1	0	1	
K高校		1	0	1	0	0	1		

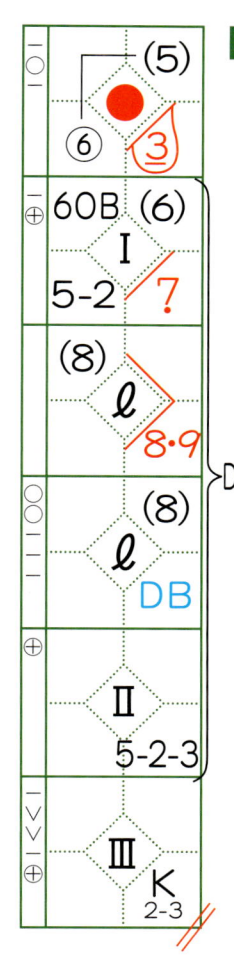

7回表　先頭打者　4番バッター

【戦況】
4−3でI高校1点リードの7回表。先頭バッターが出て、一気に突き放したい状況からヒットが続くも、ダブルプレーなどの拙攻によって思い通りの攻撃となりませんでした。

4番バッターが、2−1からファーストへの強襲ヒットで出塁。0死1塁。

5番バッターが、1−1からレフト前へヒット。1塁ランナーが2塁へ進塁し、0死1・2塁。

6番バッターが、初球をたたいて右中間へ2塁打を放ち、2塁ランナーが生還して1点を追加。1塁ランナーが一気に3塁を狙って2塁ベースを回ったところでショートと接触、走塁妨害（オブストラクション）となって3塁に進塁。0死2・3塁。

7番バッターが、3−2からデッドボール。0死満塁。

8番バッターが、0−1からサードゴロ。サードが本塁へ送球して、3塁ランナーがフォースアウト。キャッチャーがさらに1塁へ送球して、バッターランナーもアウトになり、ダブルプレー。2死2・3塁。

9番バッターが、2−2からワンバウンドの投球を空振り三振。キャッチャーがボールをこぼし、バッターランナーは1塁に向かうが、1塁に送球して3アウトチェンジ。

【POINT】 3連打に走塁妨害などをからめて0アウト満塁の大量得点できるチャンスを生かしきれず、1点のみの攻撃で終えてしまったI高校。ショートの守備妨害は「6OB」と記入します。また、3−2からのデッドボールはフォアボールとして記入しないこと。振り逃げでバッターランナーがアウトになったら、バッターランナーが1塁に向かった場合は「K 2−3」と送球があったことを記し、キャッチャーがホームベース付近でタッチアウトにした場合は「K 2T.O」とすると、後で見たときにより分析に役立つ情報になります。

シーン⑤

打撃妨害にランニングホームラン、振り逃げ……。
それぞれ記録のしかたに注意を払う

O高校　対　M高校
[8回表　O高校の攻撃]

チーム名	1	2	3	4	5	6	7	8	9	1
O高校	0	0	0	0	1	2	0	3		
M高校	3	0	2	0	1	1	0			

152

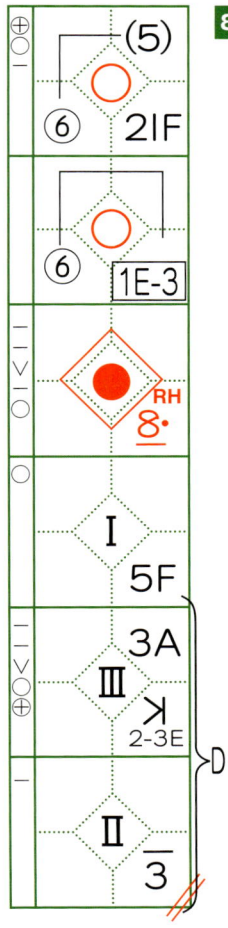

8回表　先頭打者　4番バッター

【戦況】
8回表、7-3から反撃を試みたO高校の攻撃。終始押され気味だった試合の終盤、相手のミスに乗じてそのチャンスを生かし、ゲームの流れを引き戻しました。

4番バッターが、1-2からキャッチャーの打撃妨害（インターフェア）によって出塁。0死1塁。

5番バッターが、初球に送りバントを試み、打球を処理したピッチャーが1塁へワンバウンドの悪送球。バッターランナーが出塁、1塁ランナーが2塁へ進塁。0死1・2塁。

6番バッターが、3-2からセンター横に打った打球に、センターが飛び込むもグラブをかすめてフェンスへ。ランニングホームランとなり、3点を得点。0死ランナーなし。

7番バッターが、0-1からサードへのファウルフライで1死。

8番バッターが、2-2からワンバウンドを空振り。キャッチャーが1塁へ送球し、ファーストが捕球ミス。振り逃げ三振で出塁。1死1塁。

9番バッターが、1-0のとき、ヒットエンドランを試みるが、打球はファーストライナーに。飛び出していた1塁ランナーは戻れず、ボールをキャッチしたファーストがそのまま1塁ベースを踏んでアウト。ダブルプレーとなり、3アウトチェンジ。

【POINT】
攻撃の前半と後半で、その内容がガラリと変わったイニング。打撃妨害は「2IF」と記入し、バッターの打数は数えません。また、フェンスを越えないランニングホームランでも記録上はホームランとなり、「RH」と記します。振り逃げ三振は、その内容（ここでは✕2-3E）を記載すること。ライナーをキャッチしたファーストが自身でベースを踏んで1塁ランナーをアウトにした場合は、「3A」と記入します。

シーン⑥

野球の醍醐味の一つ、劇的なサヨナラ勝ちを記録する

R高校　対　N高校
［9回裏　N高校の攻撃］

チーム名	1	2	3	4	5	6	7	8	9	1
R高校	1	0	3	0	0	2	0	0	0	
N高校	0	0	0	2	1	1	0	0	3x	

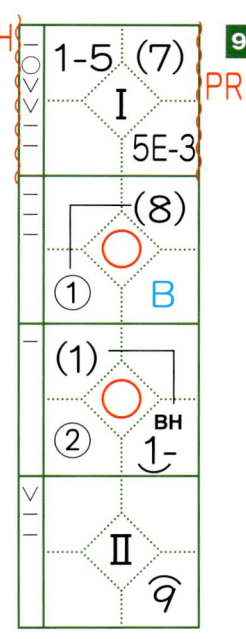

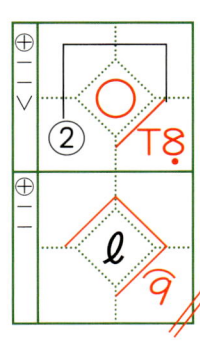

9回裏　先頭打者　**6番バッター**

【戦況】

9回裏、6-4、N高校2点のビハインドを背負った9回裏の攻撃。最後まで勝利をあきらめなかった攻撃によって、勝ちをあせったR高校をうっちゃりました。

6番バッターに代打。3-2からサードゴロを打つが、サードが1塁へ悪送球。出塁したランナーに代走。0死1塁。

7番バッターが、3-0からフォアボールを選んで出塁。0死1・2塁。

8番バッターが1-0からピッチャー前へ送りバント。打球を処理したピッチャーが3塁へ送球してフォースアウト。ランナーが入れ替わって1死1・2塁。

9番バッターが、2-1から浅いライトフライを打ち上げてアウト。2死1・2塁。

1番バッターが、2-2からセンター前にテキサスヒット。2塁ランナーが生還し、1点。打球が上がった瞬間、2アウトだったためスタートを切っていた1塁ランナーは3塁へ進塁。2死1・3塁。

2番バッターが、2-1から前進守備をしいていたライトの頭上を越えるヒット。3塁ランナーに続いて、1塁ランナーも一挙にホームへ滑りこみ、サヨナラ勝ち。

【POINT】「野球は2アウトから」。その格言どおり、最後まで試合をあきらめなかったN高校が、劇的なサヨナラ勝ちを収めました。勝負どころの局面では、代打（「PH」）や代走（「PR」）が送られることが多いので、すばやく記入しましょう。サヨナラヒットは、決勝点をあげたランナーが進塁した数だけの塁打数（ここでは1塁ランナーがサヨナラのホームを踏んだので、バッターの3塁打）が記録されます。

COLUMN

スコアの達人は余白をうまく使う

　多くのスコアラーは黒赤青を使い分けられる3色ボールペンを使用しています。なぜなら試合後に記録の集計がしやすいように、通常のアウトなどは黒、ヒットは赤、フォアボールやデッドボールは青で記入するなど、ペンを使い分ける必要があるからです。また、記入欄が狭いため、ペン先は細いものを選んでいます。

　実際にスコアカードをつけ終わり、あらためて見直してみると、意外と余白が多いことに気づくでしょう。スコアの達人と呼ばれるような人は、この余白を利用して、たとえば「外角の変化球に泳いだ」「ショートのファインプレーによるアウト」などのメモを残したり、プレーについて感じたことや気づいたことを書き入れるなどして有効に使っています。

　後でスコアカードを見返したとき、マス目に書かれた記録には浮かび上がらない、現場にいたからこそ得られた、こういった情報こそが詳しい選手分析を可能にしたり、次の試合に役立つ情報となるのです。

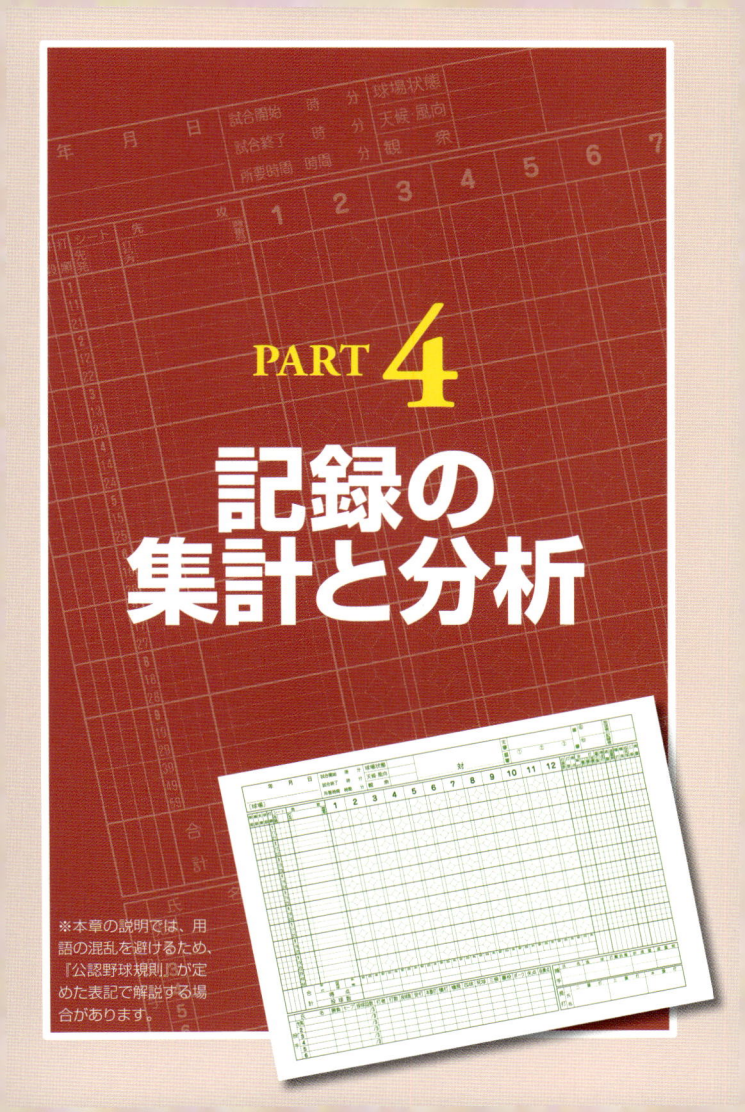

PART 4
記録の集計と分析

※本章の説明では、用語の混乱を避けるため、『公認野球規則』が定めた表記で解説する場合があります。

ピッチャーの記録①
防御率を決める「自責点」と「非自責点」

自責点は、投手の責任とされる失点のこと。スコアカードのマス目の中央に「●」で記入されます。自責点以外の失点は「○」で記され、非自責点として区別されます。

自責点
ピッチャーが責任をもたなければいけない失点

　ピッチャーに責任がある相手チームの得点のことを自責点といいます〔公認野球規則9.16〕。自責点は、ヒット、犠打、盗塁、刺殺、フィルダースチョイス、四死球、ボーク、ワイルドピッチにより、ランナーが得点するたびごとに記録されます。

　自責点とならないケースは、守備側にエラーがあり、そのエラーがなかったら出塁できなかったランナーが生還した場合です（ファウルフライをエラーした後、同じバッターがヒットなどで出塁した場合も、自責点の対象にはなりません）。また、エラーがなければ3アウトでチェンジになっていた場合、その後の失点は自責点にはなりません。

自責点の原則をおぼえよう

自責点は基本的に得点が入った段階で決まります。いろいろと複雑に思うかもしれませんが、まずは「エラーで出たランナーとエラーで生還したランナーは自責点にならない」とおぼえておきましょう。言い換えれば、"得点があった時点でエラーがからんでいたかいなかったか"が判断の基準になるということです。

以下、自責点になるケースとならないケースを挙げておきます。

●自責点になる	●自責点にならない(非自責点)
3アウトにできる守備機会をつかむ前に、以下の行為で「得点」したランナーの場合 ①安打 ②犠牲バント ③犠牲フライ ④四死球(故意四球) ⑤盗塁 ⑥野選 ⑦刺殺(ゴロ・フライなど) ⑧ボーク ⑨暴投(振り逃げ三振をふくむ) 　ちなみに、暴投はピッチャーの投球上のミスなので、四死球やボーク同様、自責点の責任を負います。しかし、ピッチャーのエラー(失策)によって得点された場合は自責点とはなりません。ピッチャーも守備時には一人の野手として考えられるからです。	以下の行為で「出塁」「得点」したランナーの場合 ①失策 ②捕手および野手の妨害 　(失策を記録) ③走塁妨害(失策を記録) ④捕逸(パスボール) ⑤ファウルフライ落球(失策を記録) 　ただし、①〜④までのプレーによって出塁したランナーが得点した場合において、守備側のミスがなくても得点できたと記録員が判断したときにかぎり、自責点となるケースもあります。

自責点・非自責点は、得点されるたびごとに記録される

自責点・非自責点は、アメリカではイニングが終わった時点で計算するようですが、日本ではイニング終了時ではなく、得点されるたびごとに記録されます。この違いをおぼえておかなければ、正しい防御率を出すことができなくなるので注意が必要です。当然その結果が違ってくるので注意しましょう。

例

ピッチャーのエラーがなければ、1番バッターは生還できなかったので、ここでの失点は自責点にはなりません。

(②) 7・8

③ 1E

2番バッターはエラーがなければ出塁できなかったと考えられるので、自責点にはなりません。

③ 8

自責点と非自責点の違い①
①1番バッターが3塁打で出塁。
②2番バッターはピッチャーゴロ。しかし、ピッチャーが捕球エラーして3塁ランナーが本塁に生還。バッターランナーは1塁へ出塁。
③3番バッターが2ランホームラン。

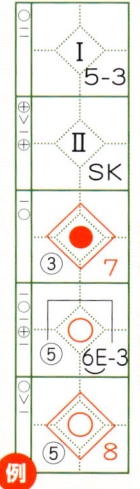

例

Ⅰ 5-3

Ⅱ SK

③ 7

これは自責点(「●」)になります。

⑤ 6E-3

エラーがなければ、3アウトでチェンジになっていた場合、その後の失点は自責点にはなりません。

⑤ 8

自責点と非自責点の違い②
①1番バッターがサードゴロ。
②2番バッターは三振。
③3番バッターがホームラン。
④4番バッターはショートゴロ。ショートが1塁へ悪送球し、バッターランナーは1塁へ出塁。
⑤5番バッターが2ランホームラン。

救援ピッチャーの自責点
打席途中の交代ではボールカウントによって変わる

バッターの打席途中でピッチャーが交代した場合、そのバッターに対する責任は、交代時のボールカウントによって変わります。

前任ピッチャーが責任を負う、ボールカウント

| B●● | B●● | B● | B●●● |
| S | S● | S●● | S●● |

救援ピッチャーが責任を負う、ボールカウント

| B●● | B● | B● | B | B |
| S●● | S●● | S● | S●● | S● |

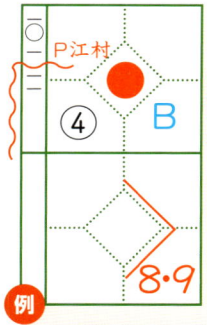

前任ピッチャーの自責点

①2ボール1ストライクでピッチャーが交代。その後、3番バッターはフォアボールで1塁へ出塁。
②4番バッターが2塁打を放ち、1塁ランナーが生還。

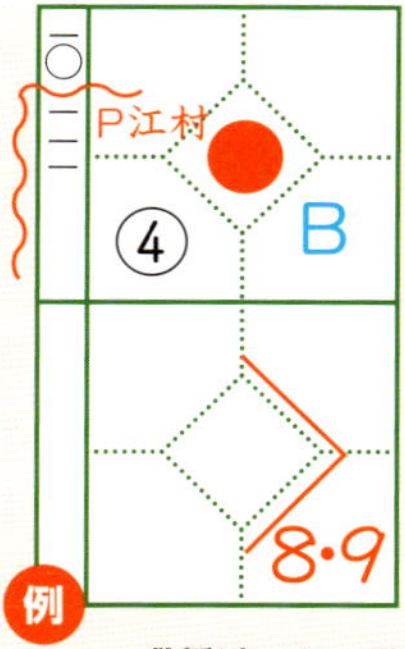

救援ピッチャーの自責点

①1ボール1ストライクでピッチャーが交代。その後、3番バッターはフォアボールで出塁。
②4番バッターが2塁打を放ち、3番バッターは生還。

ココもチェック！ イニング途中でピッチャーが交代した場合の責任原則

①ランナーを残したまま交代した場合、残したランナーの「数」だけ前任ピッチャーの責任となります。

②次のケースでは、前任ピッチャーの責任がなくなります。
・塁上に残ったランナーが盗塁や妨害などによって、バッターの行為によらないでアウトになったとき。
・塁上に残ったランナーが、救援ピッチャーと対したバッターとともに併殺されたとき（ダブルプレーによってアウトになったとき）。

③前任ピッチャーのときの「アウトの機会」は、救援ピッチャーには適用されません。

PART 4 記録の集計と分析

ピッチャーの記録②

「勝利投手」の条件と「ホールド」「セーブ」

ピッチャーに与えられるもっとも大きな名誉といえるのが、「勝利投手」です。反対に、敗戦の責任をもっとも負うピッチャーは「敗戦投手」となります。また、中継ぎや抑えを任せられたピッチャーも、条件を満たせば「ホールド」や「セーブ」が与えられます。

勝利投手
先発ピッチャーは5回を投げきることが条件

　チームを勝利に導いたピッチャーを勝利投手といいます〔公認野球規則9.17〕。先発投手が勝利投手になるのは、完投して勝った場合、先発として5回以上を投げ、交代しても自チームが試合完了までリードしたまま勝利を収めた場合、救援投手が同点または負けている状況で登板して自チームが勝った場合などです。

TEAM	一	二	三	四	五	六	七	八	九	計
H	1	0	2	0	1					
S	1	1	0	0	0					

■先発投手の勝利投手の条件

先発投手が勝利投手になるには、5回以上投げきることが絶対条件（5回コールドゲームの場合は4回）です。交代した時点で自チームがリードしていて、その後、同点または逆転されることなく試合が終了すれば、先発投手に勝利投手が記録されます。

リードを保ったまま降板しても、救援投手が同点または逆転された時点で、先発投手の勝利投手の権利は消えてしまいます。

■救援投手の勝利投手の条件

自チームが逆転し、そのまま試合が終了すれば、逆転したときに投げていた救援投手に勝利投手が記録されます。また、リードしていたにもかかわらず、先発投手が5回未満で降板し、そのまま試合が終了したときは、記録員が勝利にもっとも貢献したと判断した救援投手に、勝利投手を記録します。

■ピッチャーの打順に代打や代走が送られたとき

代打や代走が出てピッチャーが退いても、交代したイニング中に自チームが得点してリードを奪えば、勝利投手の権利は交代前のピッチャーにあります。たとえば、7回の裏、1点ビハインドの場面で先発投手に代打を送られても、その回に味方が逆転してくれれば、勝利投手の権利は先発投手にあります。

敗戦投手
敗戦の責任をもっとも負うピッチャー

チームの敗戦に責任があるピッチャーのことを敗戦投手といいます〔公認野球規則9.17〕。先発投手が敗戦投手になるのは、完投して負けた場合、リードされたまま交代してそのまま自チームが負けた場合、リードまたは同点の状況で交代した後に、自分の責任となる失点があって負けた場合、救援投手が同点の状況でリリーフ登板して負けた場合などです。

ホールド
中継ぎピッチャーを評価する指標

　チームの勝敗にかかわらず記録される、中継ぎピッチャーを評価する指標がホールドです。ホールドが記録される条件は、以下のとおりです。
●先発投手、勝利投手、敗戦投手、セーブ投手ではないこと。
●最終回の3アウト目をとったピッチャーではないこと。
●1つ以上のアウトをとること。
●ランナーを残して降板した後、そのランナーが同点または逆転のランナーとしてホームインしていないこと。

　リードしている場面での登板では、次のような状況で登板し、リードを保ったまま降板したときに、ホールドがつきます。
①リードが3点以内の場面で登板し、1イニング以上投げきったとき。
②迎える2人のバッターに、連続でホームランを打たれたら、同点または逆転されるという場面で登板したとき。
③点差に関係なく、リードした状況で3イニング以上登板したとき。

　同点の場面で登板したときは、失点を許さずに同点のまま降板するか、登板中に自チームが逆転し、そのままリードを保ったまま降板したときにホールドが記録されます。

セーブ
勝ちゲームを締めくくった功労者

　救援に成功し、勝ちゲームを締めくくったピッチャーに与えられる記録がセーブです〔公認野球規則10.19〕。チームがリードしている6回以後にリリーフし、リードを守って勝利をもたらしたときに与えられます。
　セーブが与えられるには、次の条件のいずれかを満たさなければなりません。
●点差に関係なく、試合の最後の3イニング以上を投げきる。

- ランナーなし、3点以内のリードの場面で登板し、1イニング以上最後まで投げきる。
- イニング数に関係なく、ランナーがいる場面で登板し、「ランナー」または「ランナーと対戦するバッター」、「ランナーとバッター、次のバッター」が得点すれば同点となる状況で、リードを守りきる。

例

チーム名	（監督名）	1	2	3	4	5	6	7	8	9	10	11	12	合計
スティーラーズ	安藤	1	2	1	0	2	0	0	0	0				6
シャークス	唐沢	0	1	1	0	1	0	1	0	0				4

	氏名	勝負	セーブ	投球回数
先発	岸	○		5 /3
2	四方			2/3
投 3	水口			1 1/3
手 4	木島		H	1 /3
5	波多野		S	1 /3
6				/3

5回を投げきり、先発投手がリードしたまま交代。

2点リードの場面で登板した木島にホールド、最後のイニングを投げきった波多野にはセーブが記録されます。

例

チーム名	（監督名）	1	2	3	4	5	6	7	8	9	10	11	12	合計
スティーラーズ	安藤	0	0	1	1	0	0	0	1	1				4
シャークス	唐沢	0	0	0	0	0	0	3	0	0				3

	氏名	勝負	セーブ	投球回数
先発	三浦			7 /3
2	木島	○		1 /3
投 3	波多野		S	1 /3
手 4				/3
5				/3
6				/3

7回裏に逆転され、先発投手の三浦が降板。しかし、8回の表に同点とした時点で三浦の敗戦投手の可能性がなくなりました。

最後のイニングを抑えた波多野にセーブが記録されます。勝利投手は、逆転の直前、8回の裏の同点の場面に登板していた木島です。

ピッチャーの記録③
記録を集計して投球の結果を分析する

打撃同様、ピッチャーの成績も数値化して表すことができます。その代表的なものが防御率です。防御率の計算は、自責点が大きく関係してくるので、158ページで説明した自責点と非自責点の定義をしっかりと理解しておかなければなりません。

防御率
1試合（9イニング）あたりの平均自責点

防御率＝自責点の合計×9÷投球回数

1試合あたりの平均自責点が防御率です。つまり、投手が1試合（9イニング）を投げきったとして、その投手が何点失うかを表したものです。たとえば8回1／3イニングを投げて、自責点が3の場合、防御率は3×9÷8・1／3＝3.24となります（小数点以下の3桁目まで求めて四捨五入）。

被打率
ヒットを打たれる確率を見るための指標

被打率＝被安打÷対戦打数

安打を打たれる確率が被打率です。たとえば対戦打数653、被安打が166の投手の場合、被打率は166÷653＝0.254となり、数字が小さいほど安打を打たれる確率が低くなります（小数点以下の4桁目まで求めて四捨五入）。

スコアラーアドバイス！

防御率はピッチャーの能力をはかる客観的な数字

防御率は、勝利数（勝利投手を獲得した数）以上に、優れたピッチャーであることを示す指標となります。なぜなら、勝利数はたとえピッチャーが点を奪われても、味方がそれを上回る得点をすれば増えていきますが、防御率は勝敗とは関係なく、投球回数や自責点によって変化するからです。防御率が低いからといって必ずしも勝ち星が多いとは限りませんが、防御率のいいピッチャーはチームの信頼が厚いといえるでしょう。

奪三振率
1試合（9イニング）で奪う三振の平均数

奪三振率＝奪三振数×9÷投球回数

　1試合あたりの平均奪三振数が奪三振率であり、この数字はピッチャーが1試合（9イニング）を投げきったと仮定して、そのピッチャーがいくつの三振を奪えるかを表しています。たとえば200イニングを投げて、奪三振数の合計が180の場合、奪三振率は180×9÷200＝8.10となります（小数点以下の3桁目まで求めて四捨五入）。

与四死球率
1試合（9イニング）で与える四死球の平均数

与四死球率＝与四死球数×9÷投球回数

　1試合あたりの平均与四死球数が与四死球率であり、この数字はピッチャーが1試合（9イニング）を投げきったと仮定して、そのピッチャーがいくつの四死球を与えたかを表しています。たとえば6回を投げて与四死球が3の場合、与四死球率は3×9÷6＝4.50となります（小数点以下の3桁目まで求めて四捨五入）。

被本塁打率
1試合（9イニング）で打たれるホームランの数

被本塁打率＝被本塁打数×9÷投球回数

　1試合あたりの平均被本塁打数が被本塁打率であり、この数字はピッチャーが1試合（9イニング）を投げきったと仮定して、そのピッチャーが何本の本塁打を打たれるかを表しています。たとえば200イニングを投げて、被本塁打数が28の場合、被本塁打率は28×9÷200＝1.26となります（小数点以下の3桁目まで求めて四捨五入）。

投手の勝率
チームに勝利をもたらす割合を表す数字

投手の勝率＝勝利数÷（勝利数＋敗戦数）

19勝4敗の場合、勝率は19÷（19＋4）＝0.826となります（小数点以下の4桁目まで求めて四捨五入）。

例 1試合の投手結果から、各種成績を計算

	氏　　名	勝負	セーブ	投球回数	打者	打数	投球数	安打	本塁打	犠打	犠飛	四球	死球	三振	暴投	ボーク	失点	自責点
先発	1	岸			7 1/3	29	27	126	8	1	1	0	1	0	5	0	0	3	3
投手	2	木島	○		1 1/3	4	4	9	1	0	0	0	0	0	0	0	0	1	1
	3	波多野		S	1 1/3	4	4	15	0	0	0	0	0	0	2	0	0	0	0
	4				/3														
	5				/3														
	6				/3														

先発　　岸の　　　　防御率は、　　　　3×9÷7＝3.86
　　　　　　　　　　被打率は、　　　　8÷27＝.296
　　　　　　　　　　被本塁打率は、　　1×9÷7＝1.29
　　　　　　　　　　奪三振率は、　　　5×9÷7＝6.43
　　　　　　　　　　与四死球率は、　　1×9÷7＝1.29
中継ぎ　木島の　　　防御率は、　　　　1×9÷1＝9.00
抑え　　波多野の　　防御率は、　　　　0×9÷1＝0.00
　　　　　　　　　　奪三振率は、　　　2×9÷1＝18.00

PART 4　記録の集計と分析

PART 4 記録の集計と分析

攻撃の記録①

打者の実力をはかる「打率」

バッターの実力をはかるもっとも大きな指標が、「○割○分○厘」という数字で表される「打率」です。打率は、安打数を打数で割ることで求めることができ、率が上がるほどヒットが生まれる可能性が高くなります。

打率
安打の数を物語る、もっとも大切な数字

打率＝安打数÷打数

　打率（打撃率）は、安打数を打数で割って求めます（割り切れない場合は、小数点以下の4位まで求めて四捨五入。「○割○分○厘」と表します）。打率を求める上で重要になるのが、打率算定の基礎になる「打数（打撃数）」です。打数とは、打席数から四球、死球、犠打、犠飛、打撃妨害や走塁妨害による出塁回数を引いた数のことで、バッターボックスに入った数を示す「打席数」とは違います。

　ケース別に計算することで、打率はバッターの特徴や勝負強さなどをはかるデータとなります。たとえば、ランナーを2塁または3塁においた打席の打率を計算した「得点圏打率」が高い選手は、チャンスの場面に強いバッターだといえます。

PART4 記録の集計と分析

スコアラーアドバイス!

記録の判定基準は
バッター有利に定められている

「3塁前へのボテボテのゴロ。サードが前進して体勢を崩しながら1塁へ送球。ボールがやや逸れてファーストの足がベースから離れ、バッターランナーがセーフになった」。このようなケースでは、野手のエラーではなく、内野安打として記録されるのが普通です。なぜなら、記録の判定基準は、バッターを有利とするように定められているからです。

PART 4 記録の集計と分析

攻撃の記録②
選球眼のよさが表れる「出塁率」

打率の高さとともに注目されるのが「出塁率」です。出塁率が高い選手は、内野ゴロを安打にする足の速さや、選球眼に優れ、粘り強くフォアボールを選べるなど、しぶといバッティングを持ち味としています。

出塁率
選球眼がよければ出塁率は上がる

出塁率＝出塁数÷打席数

バッターが安打や四死球によって出塁した確率を出塁率といいます。出塁数（安打と四死球の合計数）を、打席数（打数、四死球、犠飛の合計数）で割ることで求められ、打率同様、小数点第4位を四捨五入して「○割○分○厘」と表されます。

一般的に出塁率が高いバッターは、安打とともに四球の数も多く、クリーンナップにつなぐ1、2番の打順にふさわしいといえます。

打率と出塁率を計算する

打順	シート		先	攻		〜	打席数	打数	得点	安打 単打	二塁打	三塁打	打 本塁打	塁打数	得点打	盗塁	盗塁刺	犠打	犠飛	四死球	三振	残塁
	先発	打方			背番号																	
1 4 11 21	4	右	大嶋		4	〜	5	5		1												
2 6 12 22	6	右	山本		27	〜	5	5	2	3												
3 9 13 23	9	右	真下		13	〜	5	4		1										1	1	
4 1 14 24	1	右	岸		18	〜	5	4	1	1			1		1					1		
5 2 15 25	2	右	宮田		22	〜	4	4		1											1	
6 8 16 26	8	右	島田		41	〜	4	3		1										1	1	

	〔安打数〕		〔打数〕		〔打率〕	〔出塁数〕		〔打席数〕		〔出塁率〕
大嶋	1	÷	5	=	.200	1	÷	5	=	.200
山本	3	÷	5	=	.600	3	÷	5	=	.600
真下	1	÷	4	=	.250	2	÷	5	=	.400
岸	2	÷	4	=	.500	3	÷	5	=	.600
宮田	1	÷	4	=	.250	1	÷	4	=	.250
島田	1	÷	3	=	.667	2	÷	4	=	.500

スコアラーアドバイス！

フォアボールはインプレー、デッドボールはその時点でボールデッド

出塁率を大きく左右するフォアボールとデッドボールですが、フォアボールとなる投球がピッチャーの暴投によってバックネットまで転がっていったような場合、バッターランナーは1塁に到達した後、2塁を狙うことができます。しかし、デッドボールは、カラダに当たったボールがどこに転がっても、バッターランナーは1塁からの進塁を狙えません。フォアボールはインプレー、デッドボールはその時点でボールデッドになるからです。

PART 4 記録の集計と分析

攻撃の記録③

記録を集計して打撃の結果を分析する

スコアブックに記録された各バッターの打撃成績をあらゆる角度から分析することで、バッターの特徴や長所・弱点を知ることができます。打率や出塁率のほか、長打率や本塁打率なども打線を組む上での重要な手がかりとなります。

長打率
これが高いとクリーンナップを任されることが多い

長打率＝塁打数÷打数

打数が記録される打席において、バッターが1回の打撃で獲得できる塁数の平均値が長打率です。塁打数は、単打＝1、2塁打＝2、3塁打＝3、本塁打＝4として計算され、長打率は塁打数を打数で割って求めます。たとえば、28打数11安打で、本塁打が2本、3塁打が1本、2塁打が3本、単打が5本の場合、長打率は7割8分6厘となります。

長打	氏名	二塁打	三塁打	本塁打
		宮田		岸③

本塁打率
ホームランバッターの証となる数字

本塁打率＝打数÷本塁打数

　1本の本塁打を放つのに何打数を要したかということを表す数字が本塁打率です。つまり、この数字が小さい選手ほど、本塁打を放つ確率が高くなるわけです。

　日本プロ野球におけるシーズン最多本塁打は、2013年にバレンティン選手（東京ヤクルトスワローズ）が放った60本。本塁打率は7.32で、439打数を要しての達成でした。

三振率
空振りの多さは思い切りのよさも表している!?

三振率＝打席数÷三振数

三振率は、バッターが1回の三振をするのに、どれだけの打席を費やしているということを表しています。数字が小さいほど三振を喫する確率が高く、逆に数字が大きいほど確率が低くなります。

スコアラーアドバイス!
打席数と打数を間違えないようにしよう

打撃の結果を集計する際に気をつけたいポイントが、打席数と打数のどちらを計算のベースにするかということです。これを間違えてしまうと正しい集計ができないので、各成績の計算式はしっかりとおぼえておく必要があります。ちなみに打率・長打率・本塁打率は「打数」で、出塁率・三振率は「打席数」。長打率は、同じ打率であったとしても塁打数が関係してくるため、当然その結果が違ってくるので注意しましょう。

盗塁成功率
一つでも先の塁を奪おうとする積極性

盗塁成功率＝盗塁数÷盗塁企図数

　盗塁が成功する割合は盗塁成功率で表されます。盗塁死が少ないほど、盗塁成功率は高くなります。

　盗塁企図数とは盗塁を試みた数であり、スコアカード上では盗塁成功を示す「S」と、盗塁失敗を意味する「CS」の合計数と一致します。

PART 4 記録の集計と分析

攻撃の記録④
チームへの貢献が大きい「打点」と「犠打」

「打点」も「犠打」も、チームへの貢献度をはかる上で大切な指標です。そのため、ランナーを進めるための「送りバント」や「犠牲フライ」は、打数には数えられません。また、打点は安打や犠打だけでなく、四死球によってもたらされた得点にも記録されます。

打点
打点が記録されるのはヒットだけではない

打点は、タイムリーヒットだけではなく、犠牲フライやスクイズ、満塁の場面での四死球による押し出しでも記録されます〔公認野球規則9.04〕。

エラーが原因となった得点や、ワイルドピッチやパスボール、振り逃げによる得点、ダブルプレーの間の得点は、打点がつきません。

■打点が記録されるとき
①失策によらず、安打、犠打、犠飛、または内野ゴロおよび野手選択によって走者を得点させた場合。
②満塁の場面で、四死球、打撃妨害および走塁妨害によって打者が走者となったために、走者に本塁が与えられて得点した場合。
③0アウトまたは1アウトの場面で、野手の失策によって3塁走者が得点したとき、その失策がなくても得点できたと記録員が認めた場合。

打点がつくとき、つかないとき

ココもチェック！

打点は、ヒットによる得点が入った場合、そのバッターに打点がつくのが基本となりますが、それ以外の打撃結果にも記録されるケースがあります。

●タイムリーヒット以外に
　打点がつくケース

打撃を行った場合
①犠打(スクイズ)
②犠飛(犠牲フライ)
③邪飛(ファウルフライ)
④内野ゴロ
⑤野選(フィルダースチョイス)
　によって走者がホームインしたとき。

打撃を行わなかった場合
①満塁での四死球
　(フォアボール、デッドボール)
②満塁での守備側による打撃妨害
　(インターフェア)
③満塁での守備側による走塁妨害
　(オブストラクション)
　によって走者がホームインしたとき。

●打点がつかないケース
①失策(エラー)
②暴投(ワイルドピッチ)
③捕逸(パスボール)
④併殺打(ダブルプレー)
⑤振り逃げ三振
　によって走者がホームインしたとき。

　ただし、失策して得点した場合、例外として記録員が「失策がなくても得点できた」と判断すれば打点をつけることができます(公認野球規則10.04)

PART 4　記録の集計と分析

ヒットを打って得点

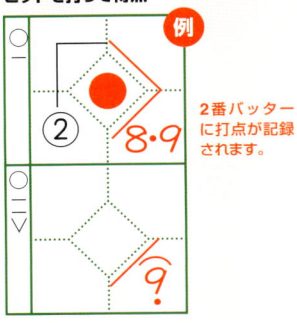

2番バッターに打点が記録されます。

内野ゴロの間に得点

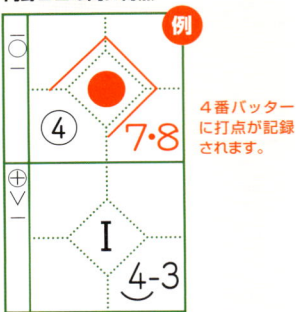

4番バッターに打点が記録されます。

内野手のエラーで得点

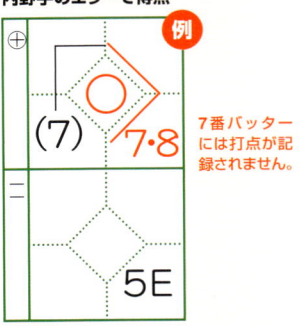

7番バッターには打点が記録されません。

ダブルプレーの間に得点

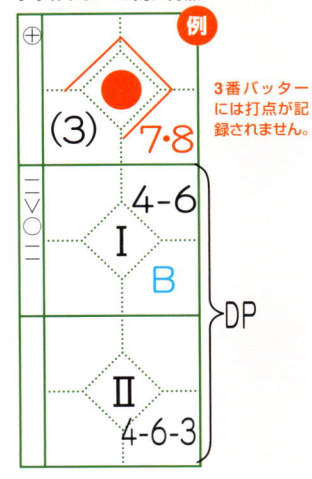

3番バッターには打点が記録されません。

犠打
打数にふくまれないので、犠打が多くても打率は下がらない

　犠牲フライと送りバント〔公認野球規則9.08〕のことを犠打といいます。ランナーを進めるためのプレーなので、打数にはふくまれません（ダブルプレーとなった場合は、ランナーが進塁しても犠打が記録されません）。

　犠牲フライが認められるのは、ランナーが本塁に生還した場合だけです。2塁ランナーがタッチアップで3塁に進んだ場合は、犠打が記録されません。

　なお、セーフティーバントを試みたバッターが1塁でアウトになり、その間にランナーが進塁した場合は、送りバントにはなりません。しかし、セーフティーバントと送りバントの区別は難しく、ほとんどのケースでは犠打が認められています。

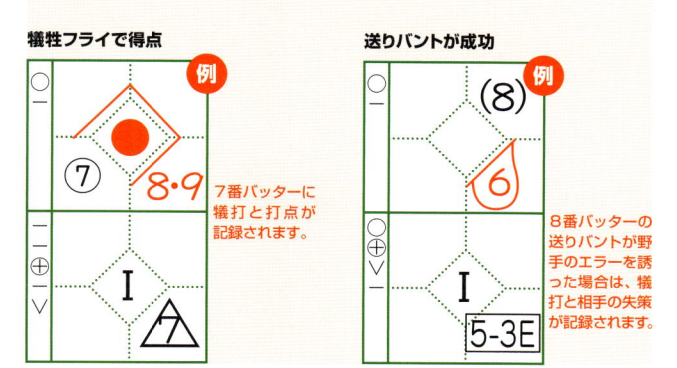

犠牲フライで得点

7番バッターに犠打と打点が記録されます。

送りバントが成功

8番バッターの送りバントが野手のエラーを誘った場合は、犠打と相手の失策が記録されます。

PART 4 記録の集計と分析

守備の記録

守備能力をはかる「守備率」と「刺殺・補殺」

スコアカードの左側に並んでいる「刺殺」「補殺」「失策」は、野手の守備能力を見る大切な数字。これらをもとにすれば守備率を計算することができます。また、キャッチャーの「許盗塁」「盗塁刺」をもとにした、盗塁阻止率の計算のしかたも紹介しましょう。

守備率
野手の守備能力を見るための指標

守備率＝（刺殺＋補殺）÷守備機会

野手の守備能力をはかる指標を守備率といいます。（刺殺＋補殺）÷守備機会の計算式で求められ、エラーの数が少ないほど、守備率は高くなります。守備の巧さは守備機会の数にも表れ、一般的に刺殺の多い外野手は守備範囲が広く、捕殺の多い外野手は強肩といわれます。

守備機会は、「刺殺」「補殺」「失策」の合計数。

刺殺と補殺
9イニングの守備では合計27個の刺殺が記録

　フライを捕球したり、送球を受けたり、ランナーにタッチしたりして、守備側の選手がバッターやランナーを直接アウトにすることを刺殺といいます〔公認野球規則9.09、9.10〕。刺殺は、最後にアウトにした野手に記録されます。

　野手が捕ったボールを塁に送って、バッターやランナーをアウトにする手助けをすることを補殺といいます〔公認野球規則9.09、9.10〕。ただし、ランダウンプレーなどで同じ選手が何度もボールに触れても、ワンプレー中の補殺は一度しか記録されません。また、捕球エラーでアウトにできなかった場合も、送球した野手には補殺が記録されます。

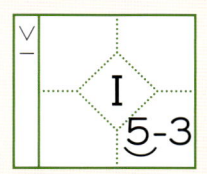

サードに「補殺1」、ファーストに「刺殺1」が記録。

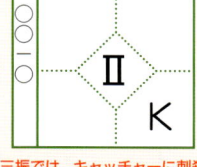

三振では、キャッチャーに刺殺が記録。

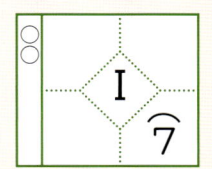

外野フライアウトは、捕球した外野手に刺殺が記録。

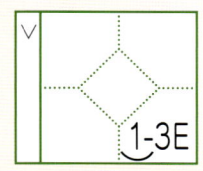

ファーストが捕球エラー。アウトにならなくても送球した野手に補殺が記録。

失策（エラー）
出塁や進塁を許すなどの守備側の選手の失敗

　守備を行っている選手の失敗を失策といいます〔公認野球規則9.12〕。アウトになるはずのランナーをセーフにしたり、ランナーに1つ以上の進塁を許すようなミスをした野手に、失策が記録されます。なお、ワイルドピッチやパスボール、フィルダースチョイスは失策にはふくまれません。

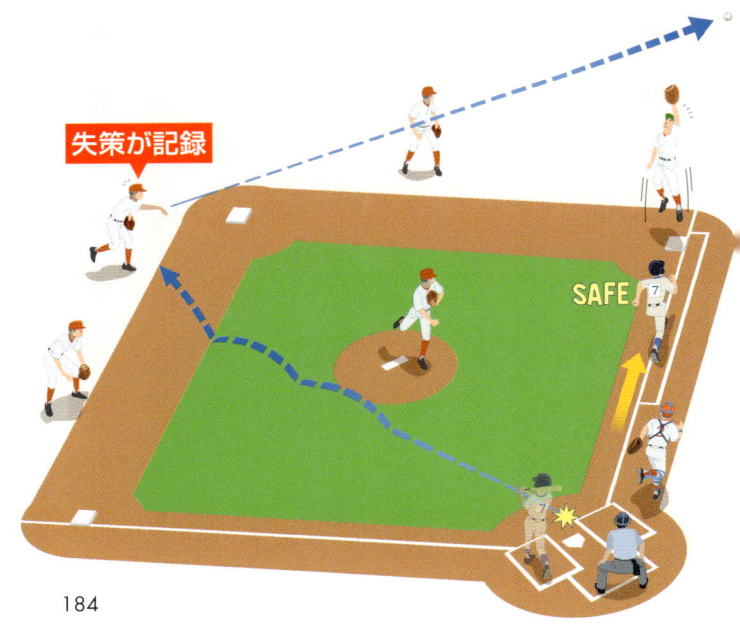

失策が記録

盗塁阻止率
強肩と呼ばれるキャッチャーはこれが高い

盗塁阻止率＝刺した盗塁÷盗塁企図数

捕手	氏　名	逸　球	打撃妨害	許盗塁	盗塁刺

盗塁企図数は、キャッチャーの個人記録を集計する欄の「許盗塁」と「盗塁刺」を足した数です。

　盗塁を試みたランナーをどれだけアウトにできたかを示す確率を盗塁阻止率といいます。盗塁阻止率が高ければ、それだけ相手チームに盗塁をするのが困難だと思わせることができ、攻撃の幅を狭めることができます。

　盗塁阻止率は、刺した盗塁÷盗塁企図数という計算式で求められます（盗塁企図数は盗塁を許した数と刺した数の合計）。スコアカード上では、前者は「許盗塁」、後者は「盗塁刺」などと呼ばれ、それぞれの集計数は、キャッチャーの個人記録の欄に記入します。

　ただし、ダブルスチールやトリプルスチールの場合は、盗塁企図数は1として数えます。ピッチャーが、けん制球を投じたときの盗塁や、けん制球による盗塁刺は、盗塁企図数にふくみません。

スコアラーなら必ず知っておきたい
審判の基本ジャッジ

スコアカードの記入は、審判員の判定にしたがうのが基本です。そのため、スコアラーは、審判員のゼスチャーやコールをおぼえておかなければなりません。ここでは試合中でひんぱんに見られる、代表的なジャッジを紹介します。

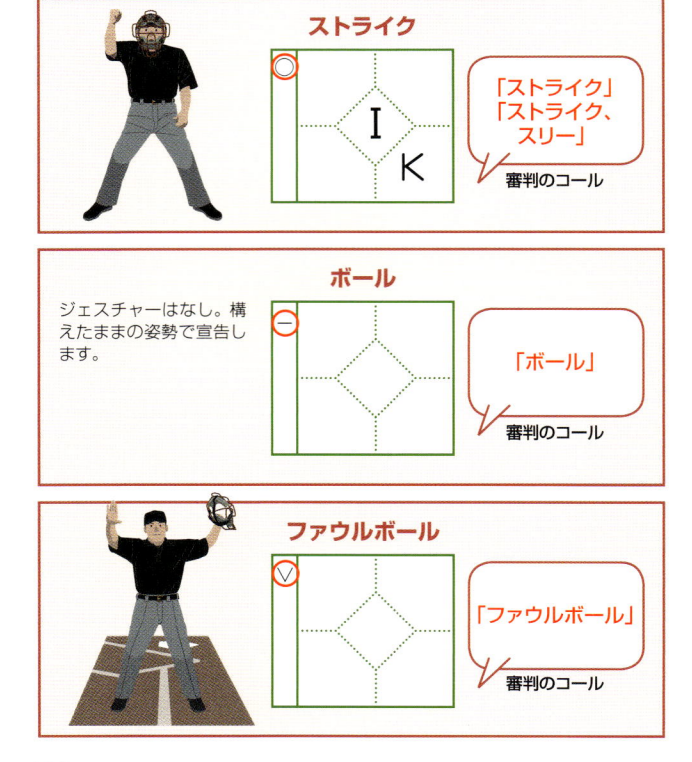

ストライク

「ストライク」
「ストライク、スリー」
審判のコール

ボール

ジェスチャーはなし。構えたままの姿勢で宣告します。

「ボール」
審判のコール

ファウルボール

「ファウルボール」
審判のコール

審判の基本ジャッジ

ボールカウント

例)
「ワンボール、ツーストライク」

審判のコール

塁審によるハーフスイングの判定

「スイング」

「ノースイング」

「スイング」
「ノースイング」

審判のコール

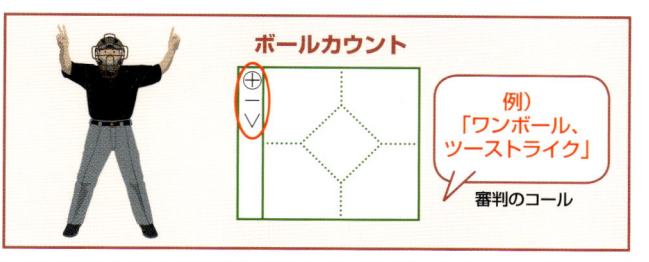

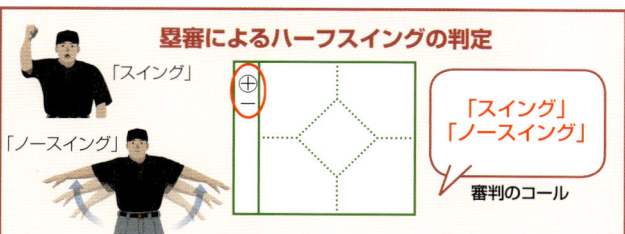

フォアボール

ジェスチャーはなし。
「ボール、フォア」と宣告し、バッターに進塁をうながす場合もあります。

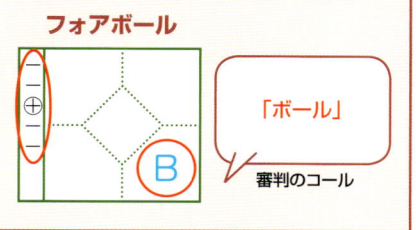

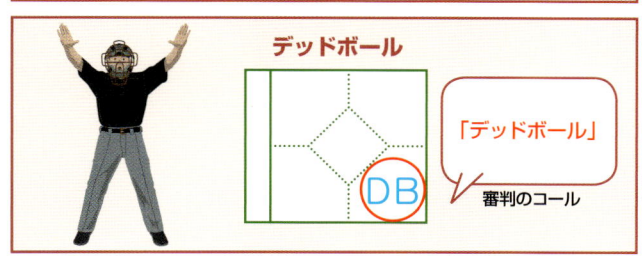

B

「ボール」

審判のコール

デッドボール

DB

「デッドボール」

審判のコール

187

	タイム	
		「タイム」
		審判のコール

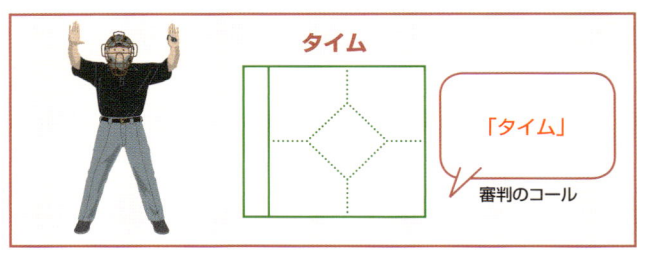

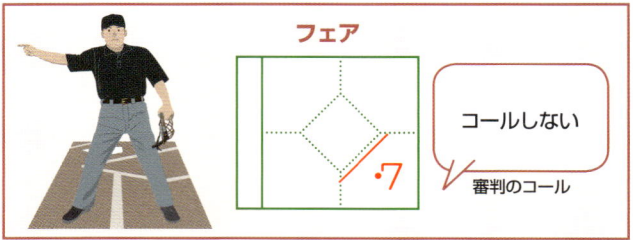

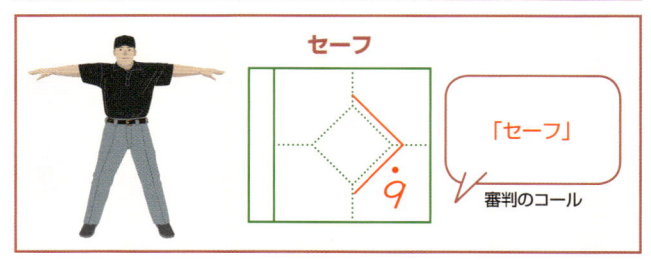

	フェア	
	·7	コールしない
		審判のコール

	セーフ	
	·9	「セーフ」
		審判のコール

審判の基本ジャッジ

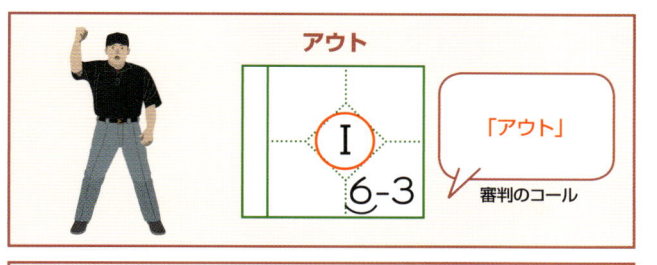

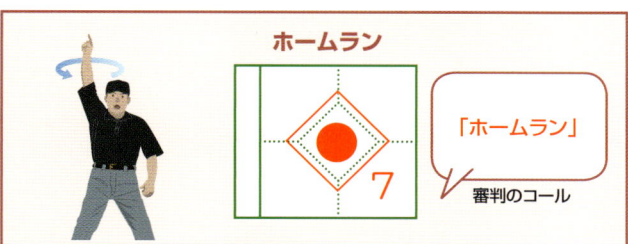

アウト

「アウト」

審判のコール

ホームラン

「ホームラン」

審判のコール

インフィールドフライ

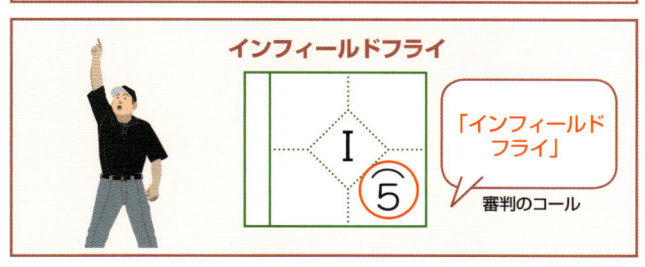

「インフィールドフライ」

審判のコール

ボーク

投球のボークはジェスチャーはなし。

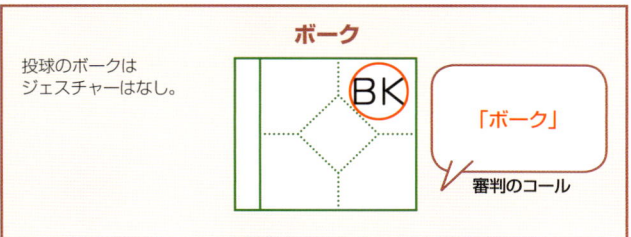

「ボーク」

審判のコール

打撃妨害

両手を高く上げて「打撃妨害」と宣告。その後、左手で1塁を指差します。

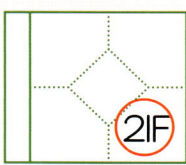

2IF

「打撃妨害」

審判のコール

守備妨害

バッターまたはランナーを指差して「守備妨害」と宣告。続けて、アウトのジェスチャーとともに「バッターアウト」または「ランナーアウト」と宣告。

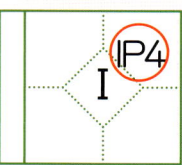

IP4
I

「守備妨害」
「バッターアウト（ランナーアウト）」

審判のコール

走塁妨害

ボールデッドとなる場合は、両手を高く上げてプレーを中断させた後、「走塁妨害」と宣告。

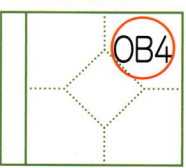

OB4

「走塁妨害」

審判のコール

ランナー追い越し

追い越したランナーを指差して「追い越しアウト」と宣告。

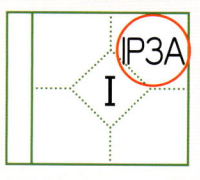

IP3A
I

「追い越しアウト」

審判のコール

審判の基本ジャッジ

アピールプレー

アピールを認めるときは、アウトのジェスチャーで「アウト」と宣告。認めないときはセーフのジェスチャーで「セーフ」と宣告。

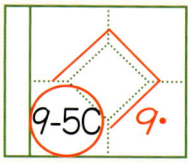

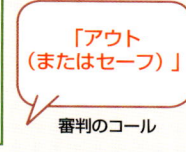

9-5C 9・

「アウト（またはセーフ）」

審判のコール

ラインアウト

走路を飛び出したランナーを指差して「ラインアウト」と宣告。

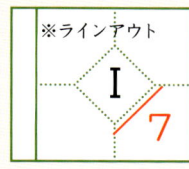

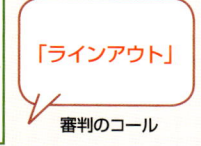

※ラインアウト
I 7

「ラインアウト」

審判のコール

※審判のコールやジェスチャーは、所属する団体によって若干の違いがあります。

スコアラーアドバイス1

ルールブックをかたわらに置いて、客観的にゲームを観察する

試合中、スコアラーはつねに審判のジャッジにも細心の注意を払っていなければなりませんが、その一方で、スコアラーが判断しなければならないような状況も数多くあります。最初は戸惑うことも多いでしょうが、その判断をすることもスコアをつける醍醐味。ルールブックをかたわらに置いて、客観的にゲームを観察することで、野球を見る（プレーする）楽しさが何倍にもふくらみます。

わかりやすい野球スコアと記録のつけ方

監　修	戸張　誠 _{と ばり まこと}
発行者	深見公子
発行所	成美堂出版 〒162-8445　東京都新宿区新小川町1-7 電話(03)5206-8151　FAX(03)5206-8159
印　刷	株式会社フクイン

Ⓒ SEIBIDO SHUPPAN　2014　PRINTED IN JAPAN
ISBN978-4-415-31762-5
落丁・乱丁などの不良本はお取り替えします
定価はカバーに表示してあります

- 本書および本書の付属物を無断で複写、複製(コピー)、引用することは著作権法上での例外を除き禁じられています。また代行業者等の第三者に依頼してスキャンやデジタル化することは、たとえ個人や家庭内の利用であっても一切認められておりません。